내 아이를 믿는다는 것

부모와 아이가 모두 행복해지는
60가지 깨달음

내 아이를
믿는다는 것

지경선·김성곤 지음

글의온도

요즘 초등학생부터 고등학생까지 가장 선호하는 직업 중 하나는 의사와 연예인입니다. 이 두 직업은 환자를 치료하고 생명을 구하며, 다양한 사람들에게 감동과 재미를 주기 때문에 무척 매력적입니다. 그러나 이러한 인기 직종에만 관심이 집중되는 현상은 사회의 발전과 다양성 측면에서는 좋지 않을 수도 있습니다.

왜 아이들은 의사나 연예인 같은 특정 직업만 선호할까요? 그중 하나는 왜곡된 미디어 환경 때문입니다. 일부 매체에서 성공한 의사나 연예인의 화려한 모습만을 강조하면서 해당 직업만이 최고의 선택인 것처럼 보이게 합니다. 이로 인해 아이들의 시야도 좁아지고, 다른 진로에 대해 알지 못하게 되는 경우도 많습니다.

이러한 상황에서 필요한 것은 넓은 시각을 가지는 것입니다. 네덜란드의 철학자인 스피노자는 "깊게 파기 위해서는 먼저 넓게 파야 한다"라고 했습니다. 즉, 다양한 분야와 직업에 대해 이해하고 관심을 가져야 진정한 계발과 성장을 이룰 수 있습니다.

이 책은 자녀교육에서 넓고 다양한 시각을 갖는 것이 얼마나 중요한지를 강조하며, 부모님과 자녀가 함께 읽어보면서 서로의 의견을 나누고 미래를 위한 계획을 세우는 데 큰 도움을 줄 것입니다. 이를 통해 각자의 개성과 잠재력을 발견하고, 더욱 풍요로운 삶을 살아갈 수 있을 것입니다.

송용운 예원예술대학교 총장, 고양예고 이사장

늘 흠모해왔던 교육 전문가 두 분의 책이 세상에 나온다는 소식을 들었을 때 내용이 무척 궁금하고 기대되었습니다. 원고를 읽으며 '역시, 진짜 전문가는 다르구나' 하는 생각이 들었습니다. 간결하고 담백하지만, 근본적이고 핵심적인 이야기로 가득했습니다. 대한민국의 부모로서 갖추어야 하는 건강한 가치관을 바로 세워주는 힘이 담겨 있었습니다.

대한민국의 부모는 극한 직업입니다. 정보는 넘쳐나고 입시는 복잡하며 아이는 따라 주지 않습니다. 이 힘든 싸움에서 살아남아 명문대를 진학하더라도 아이의 마음에는 깊은 상처가 남아 부모와의 관계가 소원해집니다. 이 책의 서두에 등장하는 '명문대 의대생의 자살'은 이러한 현실을 잘 보여줍니다.

대한민국에서 부모와 학부모의 역할을 동시에 잘 해내려면 지혜가 필요합니다. 그리고 이 책은 단순한 지식을 전달하는 것이 아닌, 부모로서 꼭 갖추어야 하는 지혜를 담고 있습니다. 치열한 사교육 현장에서 평생을 몸담아 온 두 교육자의 깨달음과 진심이 차곡차곡 쌓여 있습니다. 대한민국의 부모라면 모두가 고민할 문제들에 대한 명쾌한 답을 담았습니다.

60개의 이야기를 한 개씩 읽어가다 보면 지금까지 풀지 못했던 무수한 질문의 답이 하나씩 정리되는 신기한 경험을 하게 될 것입니다. 고민은 해결되고, 걱정은 줄어들고, 아이와는 더욱 행복한 관계로 이끄는 답을 스스로 찾게 됩니다. 이 바닥에서 지식과 지혜와 경험을 두루 갖춘, 진짜 전문가들의 핵심 노하우가 아낌없이 들어간 이 책이 세상에 나오게 되어 반갑고 기쁩니다.

분당강쌤『스카이버스』저자, 교육 유튜버(구독자 20만)

고민은 해결되고, 걱정은 줄어들고, 아이와는 더욱 행복한 관계로

5년 전, 마치 망치로 머리를 세차게 맞은 듯한 충격적인 경험을 통해 인생 패러다임이 완전히 바뀐 사건을 겪게 되었습니다. 그동안 가르쳐왔던 20만 녕의 학생 중 한 명이 소위 '명문대 의대'에 진학했음에도 대학 진학 이후 방황하다가 세상을 떠났다는 비보를 접했기 때문이었습니다.

누구보다 성실하고 공부에 진심인 아이였습니다. 그런데 어떻게 이런 일이 일어난 것일까요? 그의 부모님을 위로하러 가서 잠시 이야기를 나누다가, 놀라운 사실을 알게 되었습니다. 아이는 학창 시절 동안 남들의 인정과 칭찬을 받기 위해 자기의 모든 것을 쏟아붓는 삶을 살았고, 의사인 부모님께 창피한 아들이 되지 않기 위해 강압적인 양육을 받은 것이었습니다. 아이는 1등급 성적표를 보여준 뒤에야 부모로부터 처음으로 칭찬과 인정을 받을 수 있었습니다. 공부는 부모에게 인정받는 유일한 창구였습니다.

이런 안타까운 사연을 들으며, 교육자로서 나 자신의 책무에 대해 다시 한번 고민하게 되었습니다. 그리고 그때부터 전국을 돌며 자녀교육은 물론 '부모교육'에 대한 강연을 시작하게 되었습니다.

사실, 이 책을 쓸 생각은 전혀 없었습니다. 지난 20년 동안 '대한민국 사교육 1번지'라 불리는 대치동에서 교육기업 CEO로서 나름대로 성공적인 삶을 살았고, 수많은 학부모와 학생을 만나며 이른바 'SKY' 진학에 헌신해온 커리어와 어쩌면 결이 무척 다른 책이기 때문입니다.

이 책의 공동 저자이며, 연세대학교 대학원 동문인 지경선 이사님은 언제나 나에게 인사이트를 주며 철학적 사고가 깊은 사람입니다. 평소에도 언제나 그와의 대화와 토론을 즐깁니다. 어느 날, 이 책의 공저자인 지경선 이사님과 교육에 관한 이런 저런 대화를 나누다가 "아이를 잘 키운다는 것은 진짜로 무엇일까?", "우리 둘 다 자녀가 있는데, 네 아이는 어떻게 지내?"라는 질문이 오갔습니다. 이 분야에는 우리 둘 다 전문가였지만 결국은 부모 입장에서만 생각해온 것을 불현듯 깨닫게 되었습니다. 그래서 지경선 이사님과 함께 현실적이면서도 부모와 학생들의 마음을 보듬어줄 수 있는 책을 쓰고 싶었습니다.

사실, 이 책은 공교육과 사교육의 경계를 넘나들면서, 대한민국 입시를 잘 알고 있다고 자부하는 저자들이 어쩌면 감추고 싶은 비밀스러운 이야기를 담고 있습니다. 하지만 두 저자는 용기를 내어 효율적인 공부법이나 무조건적인 희생을 강조하는 책들과는 과감하게 다른 내용으로 쓰고 싶었습니다.

자녀교육은 참 어렵습니다. 부모는 자녀 때문에 웃기도 하고 울기도 합니다. 그러나 대부분의 부모 자녀 관계에서 주도권은 부모에게 있습니다. 이것이 바로 대한민국에서 부모교육과 자녀교육이 제대로 이루어지지 않는 이유이기도 합니다. 모든 자녀교육의 목표를 '대학 진학'으로 규정하고, 좋은 대학에 보내면 좋은 부모, 그렇지 못하면 나쁜 부모가 된다는 논리로 움직이기 때문입니다.

부모는 아이가 공부를 잘하면 웃고, 못하면 걱정하고 웁니다. 그런데 우리나라에서 가장 좋은 대학의 의대에 진학한 나의 제자는 왜 행복하지 못했을까요? 이 책에서 저자들은 자녀의 성

내 아이를 믿는다는 것

장 과정에서 부모의 역할이 무엇인지, 부모의 말과 행동이 자녀의 삶에 어떤 영향을 미치는지를 다각도로 살펴보았습니다. 또한 "좋은 부모=명문대 진학을 돕는 사람"이라는 프레임에서 빠져나와 부모와 자녀가 함께 '숨'을 쉴 수 있는 내용을 제공하려고 했습니다.

저자(김성곤)가 강연을 통해 평소 강조해왔던 부모교육과 관련된 핵심 문장 60개를 각 글의 리드문으로 담았습니다. 그리고 지경선 이사님이 각 꼭지에 맞는 실제 사례와 설명을 독자들이 쉽게 이해할 수 있도록 정리했습니다.

1부는 '학습', 즉 자녀교육에서 가장 큰 관심사에 대한 다양한 궁금증을 소개하면서 이를 통해 부모의 관점 변화가 자녀의 성장에 어떠한 영향을 미치는지 살펴봅니다. 2부에서는 존 볼비의 애착이론을 바탕으로 부모와 자녀 간의 관계 형성에 대해 살피고, 아동 및 청소년기의 불안함을 치유하는 칭찬과 인정의 중요성을 다룹니다.

3부는 자녀교육의 실천을 강조하며, 부모로서 해야 할 일에 대한 두려움을 해소하고 반드시 이행해야 할 사항을 과감하게 제시했습니다. 그다음, 4부와 5부에서는 행복한 자녀교육을 위해 부모가 따라야 할 원칙과, 자녀가 스스로 꿈을 찾고 그것을 구체화하는 과정에서 해볼 만한 다양한 방법을 제공합니다. 이렇게 전체가 총 5부, 60개의 주제로 구성되어 있습니다.

대한민국 사교육 중심지인 대치동에서 20년 동안 교육기업 CEO로 일하면서, 동시에 차의과학대학교 임상심리대학원에서 가르치고 있는 김성곤 교수와, 수학, 철학, 심리를 깊게 연구하고 AI 프로그램 렉처스의 교육이사로 재직 중인 지경선 이사의 고민과 경험을 담아낸 콜라보 결과물입니다.

물론, 저자들이 "요즘 대학이 뭐 중요한가요?", "대학 꼭 가야 해요?", "학벌의 시대는 끝난 거 아닌가요?"라는 치우친 의견에 동조하는 것은 아닙니다. 대학 진학을 위한 노력과 경험에는 아이의 인내력과 끈기 그리고 철저한 자기관리 등 칭찬해줄 만한 부분이 많습니다. 학창 시절 이런 노력을 했던 아이는 나중에 무엇을 하든 잘하게 된다는 것을 많이 목격했습니다.

이 책은 기존의 자녀교육에서 배제되었던 현실성 없는 내용을 과감히 배제하고, 공부, 심리, 양육, 정서, 철학 등을 누구나 쉽게 접할 수 있도록 했습니다. 사람 간의 관계가 세상에서 가장 어려울 것 같지만, 실제로는 자녀교육이 그보다 더 어렵습니다. 이 관계는 끊을 수도 없기 때문입니다. 가장 가까운 사람인 가족, 그중에서도 부모와 자녀 관계에는 완성이라는 것이 없습니다. 양측이 서로 노력하고 채워나가는 과정일 뿐입니다. 서로에게 상처 주는 관계에서 칭찬과 인정을 통해 부모답게, 아이답게 성장하기 위한 인사이트를 주는 책이길 바랍니다.

저자 일동
지경선 · 김성곤

차례

1부
관점을 바꾸면 길이 보입니다

좋은 대학에서 좋은 인생으로

공부 머리보다 더 중요합니다

4부

아이와 함께 성장하는 엄마

5부

모두가 함께 행복한 공부

1부

관점을 바꾸면
길이 보입니다

교육은 가르치는 것이 아니라
몰드는 것입니다

**❝ 억지로 좋은 부모가 되려고 하지 마세요.
먼저 부모 자신의 삶을 행복하게 즐기세요.
그러면 자식은 그대로 따라옵니다. ❞**

고대 그리스 철학자 아리스토텔레스는 자신의 명저 『니코마코스 윤리학』에서 인간의 최종 목표를 '행복'이라고 표현합니다. 행복은 탁월함이나 미덕Excellence or Virtue을 실천하는 데서 온다고 주장했는데, 부모가 자기 자신의 삶을 행복하게 살아가며 이 탁월함과 미덕을 실천한다면, 그 행동이 자녀에게 본이 되어 행복한 가정을 만들어낸다고 말입니다.

우리는 주변에서 이 진실을 많이 목격합니다. 부모의 삶을 먼저 즐기고, 안정적이고 실속있게 살아가는 모습을 보여주는 게 어떤 교육보다 힘이 세다는 것을요. 가정에서의 교육은 어쩌면 가르치며 이끄는 것보다는 '물든다'는 개념이 적절하다는 생각도 듭니다.

봉준호 감독의 《설국열차》에는 계급화된 사회를 상징하는 요소가 눈에 많이 띕니다. 망해가는 인류 가운데 소수만을 데리고 나와 달리는 열차 안에서 사회를 건설한 설정이지요. 마치 플라톤의 철인정치가 이루어진 것 같은 사회처럼 보입니다. 그러나 이 열차가 달리려면, 몸이 작은 아이가 엔진실 안에 들어가 엔진을 돌려야 했습니다. 꼬리 칸의 몸이 작은 아이가 몸이 커져 그 효용을 다하면 다시 꼬리 칸으로 내려가거나 죽임을 당합니다. 거대한 과학기술을 작동시키는 데는 이렇듯 아이의 희생이 필요했습니다.

꼬리 칸에서 앞칸으로 올라가는 동안 보였던 화려하고 풍요로웠던 상류층 삶은 그 장면 하나로 야만적인 인간의 작태로 전락합니다. 아이 하나만 보더라도 설국열차는 구원의 열차가 아니며, 인류의 비극을 압축해 보여줄 뿐입니다.

가정에서 엄마(혹은 아빠) 한 사람의 희생으로 자식이 큰 성공을 이루었다 해도, 이 고령화 시대에 부모는 자식이 다 크고도 30년 이상을 살아가야 합니다. 자식은 이러한 부모의 마음을 알아줄까요? "나는 널 위해 이것저것을 희생했어…"라고 말하는

내 아이를 믿는다는 것

엄마 밑에서 자란 아이는 마음이 쉽겠습니까?

　대한민국은 이제 예전처럼 고성장 국가라고 할 수 없습니다. 부모 세대가 누렸던 것보다 더 많은 것을 이룰 확률이 낮아지고 있습니다. 아빠도, 엄마도, 자녀들도 함께 성장해야 하는 시절입니다. 엄마도 자기 삶에서 자기 행복을 추구하고 살아가는 동안, 여전히 성장하고 성숙하면서, 미래를 위해 행복을 유예하는 인생이 아니라 '지금, 현재, 여기에서' 행복하게끔 가정을 만들어가는 것이 중요해요.

　우리 품에서 자란 아이지만, 아이의 행복은 나의 행복과 연결된 것이 아니라 각자 행복을 누리는 독립적인 존재라는 것을 아는 게 중요해요. 누군가의 희생으로 행복해지는 인생이 아니에요. 좋은 부모가 되려고 애쓰지 않아도 됩니다. 먼저 나 자신의 삶을 행복하게 즐기기 시작하세요. 그러면 저렇게 멋진 삶도 가능하다는 것을 알게 된 우리 아이도 새로운 삶의 방식에 눈뜨게 될 테니까요.

부모의 사명은
아이를 믿어주는 것입니다

> **❝** 자녀교육에서 환상을 버리세요.
> 현실을 모르는 전문가들이 떠드는 소리에
> 오히려 자괴감만 깊어집니다.
> 당장 실현 가능한 것만 해도 반은 성공입니다. **❞**

이렇게 아이를 믿고, 그들이 가진 무한한 가능성을 인정하는 것, 이것이 바로 부모의 중요한 역할이며 사명이라고 할 수 있습니다. 부모가 자녀를 위한 최선의 선택을 하려면 이론과 현실 사이의 균형을 유지하면서도, 자신의 생각과 감정을 잘 이해하는 것이 필요합니다.

복잡한 이론이나 철학적인 생각을 우리 일상생활에 어떻게 적용할지 고민하고, 우리의 감정과 사상과 마음을 들여다보고 해석하려는 시도 덕분에 심리학이 학문적인 독립을 이뤘습니다. 이러한 시도를 한 사람이 누구일까요? 네 맞습니다. 심리학을 철학에서 독립시킨 하버드 최초의 심리학 교수이자, 『심리학의 원리』*The Principles of Psychology*의 저자 윌리엄 제임스입니다. 철학적 이론으로는 우리의 마음과 개인의식을 제대로 설명할 수 없음을 주장하며 우리에게 익숙한 "의식의 흐름"*the stream of consciousness*이라는 용어를 최초로 사용하기도 했습니다.

환상은 언제나 주의 깊게 다루어야 합니다. 동시에, 우주를 집어삼킬 만한 아이의 가능성을 믿는 것도 중요합니다.

인간은 유한한 존재이기 때문에 무한을 완전히 이해하기는 어렵습니다. 무한을 끝까지 확인하려면 우리가 영원히 살아야 하기 때문이죠. 따라서 수학은 수학적 귀납법이라는 사고방식을 도입하여 유한한 인간이 무한의 집합에 대해 다룰 수 있도록 했습니다. 하지만 모든 상황에서 이 방법이 통하는 것은 아닙니다. 예를 들어, '모든 백조는 흰색이다'라는 주장을 검증하는 과정에서, 흑조 한 마리가 등장한다면 이 귀납법은 실패합니다.

과학기술이나 의술은 귀납적입니다. 우리가 관찰한 데이터를 기반으로 결론을 내리는 방식이죠. 하지만 이러한 방법으로는 한계가 존재합니다. 예를 들어, 갈라파고스섬에서는 흑조가 발견되지 않았기 때문에, 그 당시에는 흑조가 없다고 생각했을 수 있겠지요? 그러나 이후에 다른 지역에서 흑조가 발견되면서 기존의 인식이 바뀌게 됩니다. 따라서 우리 아이가 흑조일 수 있다는 가능성을 열어두고 다양한 관점에서 바라보아야 합니다.

전문가들은 일반적인 '원리'Principle를 배울 뿐입니다. 그러한 원리 또한 많은 임상 기록에 따른 귀납적인 '의견'에 불과합니다. 즉, 세상에서 유명하다는 천재들이 발견한 원리조차도 전문가의 귀납적인 의견 중 하나일 뿐입니다. 그렇다면 우리 아이에 대해서는 어떻게 생각해야 할까요? 신중해야겠죠? 세상에서 아이를 가장 사랑하는 부모도 의견 하나를 보태도 되지 않을까요? 그리고 당신의 의견은 아이의 가능성을 최대한 믿어주는 방향으로 가는 것이지요. 그 우주적인 가능성을 믿어주는 것, 그것이 부모의 사명 중 하나가 아닐까 합니다.

우리 아이의 가장 든든한
인생 밑천

> 66 부모와 자녀의 관계는 성취의 대상이 아니에요.
> 더불어 살아가는 대상이에요.
> 너무 애쓰지 말고 함께 살아가는 게 진리예요. 99

위대한 유대인 교육 사상가 마르틴 부버는 현대교육에 관한 강연에서 "나와 너"Ich und Du 개념을 소개했습니다. 학생은 단순히 지식을 흡수하고 끝나는 역할에서 벗어나, 자신의 삶과 교육에 직접 참여하고, 자기 생각과 느낌을 표현하는 능동적 역할을 해야 함을 역설했지요. 부버의 '나와 너'는 학생의 지위를 수동적 수신자에서 적극적인 참여자로 바꿔놓았습니다. 특히 그는 대화의 중요성을 강조하면서 교사와 학생 간의 상호작용을 필수로 꼽았습니다. 이것이 현대 교육철학에 큰 영향을 주었습니다.

부버의 이론은 '나-너' 관계를 중심으로 합니다. 이 관계는 상호 존중과 이해를 바탕으로, 타인을 객체가 아닌 주체로 바라보는 것을 포함합니다. 아이들이 부모나 교사로부터 지식을 받아들이는 수동적인 수신자가 아니라, 자기 사고를 형성하고 표현할 수 있는 존재라는 의미입니다. 마치 축구 경기에서 선수들이 단순히 공만 차고 받는 것이 아니라 전략과 기법 그리고 팀워크를 발휘하여 게임에 직접적으로 참여하는 것과 비슷합니다. 여기서 선수들은 능동적인 게임 참여자이며, 더 이상 전략에 따라 움직이는 게임 말이 아닙니다.

이 시대에는 사람을 도구로 대하려는 메시지가 넘쳐납니다. 자본주의 사회에서 난무하는 문구들은 우리를 철저히 대상화하고, 상징화하여 계속해서 그것을 욕망하게 만듭니다. "우리의 피부가 부를 상징한다", "가방이 명품을 만든다"와 같은 광고만 보더라도, 그것을 확실히 알 수 있지요.

하지만 자식은 나의 욕망을 실현시키고 대체하게 해줄 '그것'이 아닙니다. '분신'도 아닙니다. 우리의 자식은 정확히 타인이며, 그들을 성취의 대상으로 삼는다면 아이들을 '그것'으로 대하는 것입니다. 세상 모든 사람은 그렇게 하더라도 최후의 보루로 남아야 할 존재는 부모 아니겠습니까? 공부를 못 해도, 실력이나 능력이 떨어지더라도 부모의 완전한 수용과 포용을 경험한 아이들은 다르게 살 수 있는 든든한 밑천을 갖고 인생을 시작합니다.

공부는 아이의 수백 가지 재능 중
하나일 뿐!

❝ 공부 못한다고 못마땅해하지 마세요.
공부 빼고 더 잘하는 게 있다는 얘기니까요.
그걸 찾아주는 게 부모예요. **❞**

이 세상에서 가장 나쁜 마음 중 하나가 '못마땅해'하는 마음 같아요. 학업 상담을 하다 보면 엄마들이 그래요. '난 아이에게 잔소리 안 해요.' 그러나 아이도 같이 와서 셋이 대면으로 상담을 하다 보면 바로 느낍니다. '못마땅해하는 마음'과 '눈길'을요.

저는 집에서 레브라도 리트리버 개를 키우고 있어요. 한창 장난꾸러기 시절에 두 살짜리 순돌이는 방마다 문이며, 고급 소파며 정말 우리 집을 '개집'으로 만들어버렸지요. 이가 가려우니 뭔가 긁어대고 싶은 본능 때문이라고 합니다. 제가 소리를 안 지르고 혼내지 않더라도 순돌이는 압니다. 제가 화난 것을요.

우리 집 아이들은 순돌이보다 지능이 높아요. 당연히 압니다. 자꾸 와서 엄마들이 말해요. '제가 얼마나 참았는지 아느냐'고요. 사실 참지 않은 겁니다. 애들은 다 알기 때문이에요. 상대방이 몰라야 참은 것인데요, 애들은 다 알거든요. '못마땅해하는 마음'으로 키우다 보면 아이들 마음에 상처가 남습니다.

이 마음에 대해 한참을 생각한 적이 있었어요. 그리고 그처럼 나쁜 마음은 없다는 결론에 이르게 되었습니다. 어떤 행동이 내 마음에 들게 '알아서' 해야 하는 구도를 연출하기 때문인데, 이것은 당연히 가스라이팅을 불러옵니다. 부모로서 참으려는 마음, 억울함, 실망감 등 모든 감정은 아이들에게 다 드러납니다.

부모로서 가장 중요한 깃은 자신의 '못마땅해하는 마음'을 인식하고 이를 관리하는 것입니다. 그 마음으로부터 벗어나려면, 첫째로 그것이 나쁘다는 사실을 진지하게 받아들여야 합니다. 그것은 본인의 기대치와 원칙에 따라 다른 사람의 행동을 바꾸려는 나르시시즘적인 감정입니다.

공부를 못하는 것은 불법도 아니고 사회규범을 위반하는 일도 아닙니다. 공부 능력 역시 수많은 재능 중 하나일 뿐이니까요. 따라서 '공부를 못한다' 하며 아이에게 실망하거나 못마땅해

　　　　　　　　　　　　내 아이를 믿는다는 것

하지 않아야 합니다. 부모의 기대치와 관점에서 문제가 발생했다면, 이것을 수정하거나 조절할 필요가 있습니다. 문제 해결 방안으로 교육적 접근법과 상담 등 여러 도구를 활용하여 공부에 대한 접근 방식을 바꿔보세요. 못마땅해하는 마음으로 아이를 힘들게 키우는 것보다, 아이의 잠재력을 끌어내고 도와주는 일이 훨씬 중요합니다.

아이를 키우는 가장 좋은 마음가짐은 아이를 있는 그대로 받아들이고 사랑하는 것입니다. 우리 아이는 너무나 소중하고 귀한 존재이기에, 그런 마음으로 키워야 합니다. 명심하세요, 부모의 불만 해결보다 아이의 성장과 행복이 더 중요합니다.

인성은
진정한 실력입니다

❝ 남한테 보이는 게 전부는 아니지만
사회에 불편을 주는 아이로 만들면 안 돼요. **❞**

인성은 실력입니다. 개인의 실력을 넘어서 그 가정의 실력이기
도 합니다. 일종의 그 집안 대내로 축적된 레거시legacy, 즉 정신
적 유산이라 생각해요. 이것은 우리가 후대에게 물려줄 수 있는
가장 중요하고도 유용한 유산입니다. 삶의 태도를 물려주는 것
이니까요.

인성이 실력이라고 생각하는 이유는 명확합니다. 내가 누구
인지, 무엇을 할 수 있는지, 얼마만큼 내어줄 수 있을지를 알아
야 남에게 베풀 수 있기 때문이지요. 설사 그러한 것들을 모르고
베풀었던 철없던 시절의 호의도 지나서 생각해보면 삶에서 유

　　　　　　　　　　　　　　　내 아이를 믿는다는 것

익혔음을 알 수 있지요. 좋은 뜻으로 했던 행동들, 그다음에 오는 서운함, 오해, 보람 속에서 잘 사는 것이 무엇인가에 대한 고민이 우리를 성장하게 했기 때문이에요.

아이들을 가르치다 보면, 학기 초에 아이들이 질문을 해요. "선생님, 이번에 회장 선거하는데 저 나갈까요?" 그러면서 여러 말을 전해요. "엄마는 학교 불려 다닐 일이 귀찮다고 하지 말래요." "아침에 회장들은 앞에 나가서 대표로 아침체조 시키는데 그게 너무 창피해서 하기 싫어요." "애들이 말 안 들을 거 같아요. 놀릴 거 같아요." 또 놀라운 말이긴 하지만, 이런 말도 있었어요. "1학기에는 스승의 날도 있고 운동회도 있어서 행사가 많으니 2학기 때 하려고요."

저는 할 수 있으면 무조건 하라고 합니다. 이 일을 하면서 얻어지는 경험은 돈으로도, 단순히 자기 시간을 잘 보낸다고 해도 얻을 수 없으니까요. 리더를 해보면 역지사지를 쉽게 알게 됩니다. 훌륭한 팔로워가 얼마나 소중한지, 또 동의한다는 말 한마디가 얼마나 힘이 되는지를요. 어떤 말이 사람 불편하게 하고, 힘들게 하는지 금방금방 알게 돼요.

또 학기를 구분해서 회장을 하겠다는 아이들은, 결국 그렇게 하지 못해요. 그 작은 학급 회장 자리도 아이들이 다 알거든요. 어떤 사람이 이기적인지를요. 제 뜻대로 1, 2학기 구분하겠다는 친구 역시 회장 자리가 쉽지 않다는 걸 알더라고요. 친구들은 그 아이의 마음을 다 알아버린 거예요.

어떤 아이는 리더로서 에너지가 없을 수 있지요? 모든 아이가 리더십을 발휘하는 리더가 될 필요는 없습니다. 어떤 아이는 소통하는 것에서 장점을 발휘합니다. 친구와 잘 어울리며, 상황과 감정을 잘 전달할 줄 안다면 그것만으로 충분합니다. 어떤 점이 마음이 힘들고 어떤 점이 좋았는지, 친구들 사이에서 말할 줄 알고, 엄마한테도 제대로 전하는 아이가 되도록 대화 환경을 조성하는 것이 중요해요.

사춘기 아이들을 많이 가르치고 지도하는 제가 엄마들에게 드리는 말이 있어요. "애들은 갑자기 변하지 않는다." 그러니 시시콜콜 말을 잘 듣고 대화를 많이 하라고요. 사실 아이들의 이야기를 잘 들어줄 사람이 세상에 별로 없어요. 부모님이 그중에서도 1순위일 거라고 예상합니다. 부모로서 우리의 역할은 자녀의 말과 감정에 귀 기울여주는 것입니다. 바쁜 일상에서도 항상 아이의 이야기를 듣고 대화하는 시간을 만드는 것이 중요합니다.

내 아이를 믿는다는 것

06

천재성이란
최선을 다하는 능력입니다

❝ 부모가 자녀를 50점으로 평가한다면
부모가 따로 말하지 않아도
아이는 50점에 만족하는 삶을 살게 됩니다. ❞

2013년 테드TED 교육 강연에서 앤젤라 더크워스는 교육심리학에서 새로운 개념을 정교화해 제시했습니다. 그녀의 책『그릿』Grit에서 '그릿'이라는 개념을 소개한 것이지요. 저자는 여기서 천재성에 대한 정의를 다시 합니다. 그녀가 말하는 천재란 타고난 재능만을 가진 사람이 아니라, 지속적인 노력과 인내력으로 탁월한 성과를 이루는 사람을 가리킵니다. "노력과 헌신을 통해 발전할 수 있는 능력"을 의미하는 것이죠.

만났던 학부모 중에 공기업 부장인 분이 계셨어요. 1960년 대생이신데 공고를 나와서 부장까지 올라간 분이었습니다. 그런데 그분의 말이 인상 깊었습니다. "아래 직원들은 다 서울대 출신입니다. 그런데 일을 시켜보면 제대로 해내는 아이들이 드뭅니다. 좋은 대학 나와봐야 별로 소용이 없는 것 같아요. 실제로 써먹을 지식을 배워야지요!"

그런 생각을 가진 분이니 딸의 교육에 대해 크게 관심을 두지 않으셨습니다. 이런 생각은 딸아이가 최선을 다하지 않게 하는 결과를 가져왔습니다. 제가 보기에 공부 머리가 좋은 아이임에도 뭔가 기술직을 배워야 한다는 강박에 사로잡혀 있더라고요. SKY를 나온다고 다 잘 되는 것은 아니지만, 기회조차 없을 때가 얼마나 많은데, 아버지가 딸을 너무 통 크게 키우시는 것 같았습니다. 집안마다 가치관 차이가 있음을 잘 알았지만, 조금은 안타까운 마음이었습니다.

천재란 최선을 다하는 능력이 있는 사람을 말합니다. 저도 제자들에게 늘 이런 말을 해요. 최선을 다하는 것도 훈련이 필요한데, 나의 최선 수준이 낮을 수 있으므로 타인의 최선과 견주어보면서 성장해야 한다고요. 아이들에게 최선을 다하라고 주문하지만, 아이들은 그 최선이 뭔지 모를 때가 많아요. 공부 잘하는 집에서 공부 잘하는 아이들이 나올 때가 많은 이유도, 최선을 다하는 부모에게서 배우는 경우가 많은 것이지요(그렇지 않은 집도 드물지는 않습니다). 가령, 장사를 잘하는 사람의 최선 또한 남

다르기 때문에 사업가 집안에 사업가가 나오는 게 조금은 더 쉬운 게 아닐까요?

지식조차도 자동화되는 이 세상에서, 어릴 때부터 최선을 다하고 탁월함을 추구하도록 훈련하는 것은 매우 중요합니다. 내가 살아봤더니 별 필요 없더라 하는 식으로 아이들의 노력과 최선을 경시해서는 안 됩니다. 그 자리에서 최선을 다하고 애쓰고 있다면 그 자체로 응원하고 격려해줘야 하지요. 노력하는 그 과정에서 세상이 주지 못하는 자신만의 경험과 데이터를 쌓고 작은 성취를 이뤄나가면서 아이들은 큰일도 해내는 존재로 성장하고 있으니까요.

우리도 자신의 일에 최선을 다하는 사람을 존경하지요? 아이들도 그렇습니다. 학업에 최선을 다하고 끈기를 가지는 것이 결국 아이들의 행복으로 이어진다는 것을 기억해야 합니다. 우리가 자기 일에 100% 최선을 다하면서 뿌듯함을 느끼는 것처럼, 아이들이 자신 안에 있는 천재성을 발휘할 수 있는 기회를 제공해야 하지 않을까요?

07

좋은 대학이 아니라,
좋은 인생

> ❝ 훌륭한 자녀교육은
> '좋은 대학에 보내는 것'이 전부가 아니에요.
> 자녀가 스스로 독립적인 인생을 설계하도록
> 도와주는 거예요. ❞

자녀교육은 좋은 대학에 보내는 것이 아니라, 자녀가 주도적으로 인생을 설계하고 실행할 수 있도록 돕는 데 무게중심을 두어야 합니다. 자녀교육에서 좋은 대학을 보내는 것은 부수적인 결과일 뿐이고, 그 자체가 최종목적은 아닙니다. 이는 누구나 고개를 끄덕일 만한 명제이지만 현실에서는 종종 이 사실을 잊고, 성적이나 등수 등의 숫자에만 집착하곤 합니다.

그렇다면 자녀교육의 목표를 어떻게 생각해야 할까요? 주체적인 인간으로 사회에서 살아가게끔 도와줄 수 있어야 합니다. 인간은 말과 소와 달리 태어나자마자 걷지를 못해요. 양육 기간

내 아이를 믿는다는 것

이 굉장히 길어요. 또 걷고 말하게 되었다고 끝난 게 아니지요. 우리는 사회적 존재로서 어떻게 살아가야 하는지를 계속 배워야 합니다.

또한 사회의 변화는 어떠한가요? 눈부시다는 표현으로는 부족한 광속의 변화 속에 살아가고 있지요. 2023년 3월에 소개된 챗GPT 4.0의 활약은 도대체 우리에게 교육은 무엇이어야 하는지에 대해 많은 토론 거리를 남겨줍니다. 인공지능이 잘하는 것은 요약과 사실 체크입니다. 아무리 어려운 논문이라도, 어렵게 쓰인 글이라도 챗GPT 플러그인 프로그램을 구해 결과나 요약을 해달라고 요청하면 기가 막히게 잘합니다. 그래프를 넣고 읽어달라고 해도 잘 읽어주기도 하고요. 요약과 사실 확인 부분은 이제 인공지능에게 맡겨도 될 정도입니다. 이미 프랑스에서는 작문 시간에 챗GPT를 사용해도 되겠다는 평가가 나오는 실정이니까요.

자녀교육의 목표로 삼아야 하는 것은 아이들에게 호기심과 창의력을 길러주는 것이겠다는 생각이 절로 듭니다. 호기심을 길러주려면 아이들을 부끄럽지 않게 해야 한다고 생각합니다. 실패를 두려워하지 않고 탐색하며 배울 수 있는 환경을 제공해야 합니다. 부모로서 '지혜로운 무관심'을 통해 아이들이 궁금증을 갖고 스스로 찾아보도록 두는 것도 중요합니다.

2013년에 컴퓨터를 처음 배울 때의 제 경험을 예로 들겠습니다. 당시 제 수준은 기본적인 한글 타자만 조금 하고, 표 만들기도 제대로 하지 못할 정도였습니다. 대학 교수인 동생이 하는 말이, 이 상태로 대학원 가면 젊은 애들한테 부탁만 하다 졸업한다는 말을 들었습니다. 그래서 문화센터에서 4만 원 내고 '아래하한글'부터 배우기 시작했습니다. 또 어르신 스마트폰 강좌를 1만 원에 등록해서 카톡 깔고 이메일 만드는 법도 익혔습니다. 그렇게 대학원 입학 준비를 위해 기본적인 컴퓨터 지식을 습득해야 했습니다. 그다음에는 파워포인트를 배우는데, 선생님의 교육 방법은 무척 인상적이었습니다. 그분은 저에게 단순히 외우는 것이 아니라 생각하고 이해하도록 유도했습니다.

선생님의 두 아이는 모두 좋은 대학에 다니고 있습니다. 수업을 들으면서 알게 된 건데, 비결은 사회에서 독립적으로 살아갈 수 있는 능력을 키우는 데 초점을 맞춘 교육 방식 덕분이라고 생각합니다. 이렇게 생각하는 데는 이유가 있습니다. 그 어머님은 막내아들이 중학교 1학년 들어갈 때, 새로운 공부를 시작하셨다고 합니다. 아이들 진로를 결정할 때 주어지는 정보가 학원이나 (만나기 힘든) 학교 선생님에게 한정되어 있는 것이 좋지 않게 보였다고 해요. 그래서 그분은 둘째 아이가 중학교에 들어갈 때 진로 관련 공부를 꾸준히 하셔서 지금은 학교마다 다니면서 진로 교육을 하는 전문 강연가로 활동하고 있어요.

우리도 자녀교육의 목표를 정할 때, '좋은 대학'보다는 '좋은 인생'이나 '자기 주도적인 생활 능력'을 중심으로 해야 합니다. 때로는 지혜로운 무관심으로, 때로는 적극 개입하며, 자녀가 자기 삶을 설계하고 실행할 수 있도록 하는 거지요.

인생은 곱셈입니다:
행운에 대하여

> ❝ 인생을 살다 보면 성공하는 데
> 재능과 노력만으로 안 되는 것을 절감합니다.
> 하지만 지속적인 노력을 하고 있으면
> '행운'이 더 많이 찾아와요. ❞

저는 수학을 가르치는 일을 해요. 곱셈을 가르칠 때 항상 하는 말이 있어요. "인생은 곱셈이다. 자기가 0이면 아무리 1조를 곱해도 0일 뿐이야." 인생에서 단지 0이 되지 않게 노력하면 됩니다. 0이 되지 않는 상태를 계속 유지하기만 하면 곱셈의 때가 오면 점프할 수 있잖아요?

그렇습니다. 인생에서 성공은 단순히 실력과 노력으로만 이루어진 것은 아닙니다. 사실, 우리는 얼마나 노력하는지에 따라 자기 운명이 결정되는 것처럼 생각하기 쉽지요. 하지만 실제로는 행운이라는 요소도 성공에 중요한 역할을 합니다.

내 아이를 믿는다는 것

많은 사람은 행운을 어떤 좋은 일이 우연히 자기 삶에 찾아오는 것 정도로 인식합니다. 하지만 그 행운이 오도록 만드는 것은 우리 자신입니다. 삶에서 어떻게 이 행운을 찾아낼 수 있을까요? 행운의 역할과 그에 대응하는 삶의 태도를 아이들에게 어떻게 가르쳐야 할까요?

첫째로, 실패와 어려움 속에서도 배울 점을 찾아내야 합니다. 시험에 실패하거나 어려움에 직면할 때, 그것을 부정적으로만 받아들이기보다는 경험에서 배울 수 있는 교훈과 기회를 찾아내도록 격려해야 합니다. 실제로 공부를 아주 열심히 했는데 정말 계산 실수로, 문제를 잘못 읽어서 좋은 점수를 못 받은 사례는 얼마든지 있어요. 답안 밀려 쓸 때는 어쩌고요? 아이들이 이를 준비했던 마음과 좋은 성과에 대한 열망을 토대로 다음 시험을 준비한다면 좀 더 겸손한 사람으로 성장할 수 있겠죠?

둘째로, 행운은 우리의 태도와 마음가짐에 따라 달라집니다. 긍정적인 태도와 적극적인 사고방식은 행운을 끌어들일 수 있는 요소입니다. 우리의 태도와 마음가짐에 따라 행운의 방향성까지 달라집니다. 즉 우리는 어떤 자극에 전형적인 반응만 하는 수동적인 존재가 아니라, 어떤 자극이든 재해석하고 재평가하여 더 나은 방향으로 바꿀 수 있는 주체적인 존재임을 알려야 하겠지요.

캐롤 드웩은 『마인드셋』에서 '성장 마인드셋'을 강조했습니다. 이는 우리의 능력과 성과가 어떤 상황에서도 성장할 수 있다는 믿음을 기반으로 합니다. 엔젤라 더크워스의 '그릿' 이론도 같은 맥락에서 중요합니다. 어려움에 직면했을 때도 포기하지 않고 목표를 달성하기 위해 노력하는, 즉 '끈기'를 가진 사람이 성공할 수 있다는 사고방식입니다. 긍정적인 마음가짐만 중요한 것이 아니라, 스스로 노력하고 애쓰는 것이 재능이며, 그런 재능을 바탕으로 매일 의미 있게 노력하는 데서 오는 잠재력을 전해야 합니다. 그리고 자신의 생각과 행동을 어떻게 변화시킬 수 있는지 가르쳐주어야 합니다.

셋째로, 행운은 자기 잠재력과 열정을 발견하고 발전시키는 것과 관련 있습니다. 각자의 장점과 흥미를 발견하고 그것을 추구하는 데 도움이 될 수 있는 환경과 기회를 제공함으로써 행운 역시 따라옵니다.

마지막으로, 행운은 타인과의 협력과 연결에 따라 옵니다. 상호작용 속에서 서로 돕고 배우며 성장하는 과정에서 새로운 기회와 가능성, 바로 '행운'이 발생합니다.

성공은 실력과 노력 그리고 행운이 결합된 결과입니다. 우리는 행운을 기다리며 노력하고, 그 행운이 찾아왔을 때 그것을

내 아이를 믿는다는 것

잘 활용할 수 있는 준비를 해야 합니다. 우리 모두 인생에서 0만 되지 않게 살아간다면 곱셈의 원칙대로 크게 성장할 수 있습니다. 그러면 아이들은 어떤 상황에서도 자기 잠재력을 발휘하고 성공하는 길을 찾아낼 것입니다. 이것이 바로 "실력과 노력이 있으면 행운이라는 게 찾아와요"라는 말의 진정한 의미입니다.

하지만 동시에, 행운은 우리의 통제 범위를 벗어난다는 것도 알려주어야 합니다. 모든 것을 완벽하게 예측하고 통제할 수는 없으며, 때로는 예상치 못한 일들이 일어날 수도 있습니다. 이러한 상황에서 필요한 것이 유연성과 적응력이지요. 이 부분은 뒤에서 좀 더 이야기해 보겠습니다.

AI 시대,
인간의 가치가 더 빛나는 이유

> 66 AI가 세상을 지배하고 로봇이
> 사람들이 하는 일을 대체한다고 해서
> 인간의 가치를 찾아낼 수는 없어요.
> 인간의 가치는 인간이 정합니다.
> 그게 바로 칭찬과 인정이에요. 99

AI의 발전을 과소평가하는 것은 아닙니다. 챗GPT로 대표되는 생성형 인공지능은 언어 데이터를 분석하여 정규분포상의 평균값에 가장 근접한 답변을 제공합니다. 이 사실에서 AI의 한계가 보이지요. 즉, 그것은 '언어상'이며, '정규분포상 평균값'입니다. 만일 AI가 참고하는 데이터가 인간이 작성한 것이 아니라 다른 AI가 작성한 것이라면, AI는 여전히 믿을 만한 답변을 낼 수 있을까요? 이에 대해 전문가들도 확신하지 못하고 있습니다.

AI의 시대에는 비판적 사고와 전문 지식 검증 능력 없이는

AI의 오류를 감지하기 어렵습니다. 그렇다면 우리는 더 많은 정보를 암기하거나 더 많은 책을 읽어야 하는 걸까요? 정보 요약과 사실 확인이라면 AI는 이미 우리보다 훨씬 뛰어납니다. 따라서 교육에서 중요한 것은 암기 위주의 학습이 아니라 창조적인 생각과 문제 해결 능력입니다.

생각하는 방식과 가치 판단 등 의사소통 과정에서 언어 이외에도 중요한 부분이 많습니다. 연구자와 기준에 따라 다르겠지만, 소통에 있어 언어적인 요소가 차지하는 비중이 대략 7% 정도라는 연구 결과도 있습니다. 입에서 나오는 말을 통해 사람들과 충분히 의사소통하며 사는 듯하지만, 맥락과 전체적인 상황, 그리고 분위기, 뉘앙스, 억양 등을 통해 의사소통하는 부분이 더 큽니다. 이러한 요소들 때문에 다른 문화 배경을 가진 사람들과 의사소통하는 과정에서 많은 오해가 생기기도 하지요.

그렇다면 AI 시대에 인간의 가치는 무엇일까요? 좀 더 구체적으로, 인공지능 시대에 우리 자녀에게는 어떤 점을 중점적으로 교육해야 할까요?

생성형 인공지능의 구현 원리를 보면, 창조성과 감정 표현력을 보유하고 있지 않음을 알 수 있습니다. 따라서 창조적 사고와 감정 지능 개발에 주력해야 합니다. 문제 해결력과 창조력 발휘를 돕는 환경을 제공하며, 감정 이해와 공감 능력을 향상시켜 사회적 상호작용에서 제 역할을 하도록 해야 합니다.

또한 인간은 지속적인 학습과 발전을 추구하는 생명체입니다. 이를 바탕으로 아이들에게는 끊임없이 학습하고 자기를 계발하는 일의 중요성을 강조해야 합니다.

실존주의 심리학자 빅터 프랭클 박사는 그의 저서 『죽음의 수용소에서』 Man's Search for Meaning에서 이렇게 말합니다. "인간은 상황에 순응할지 아니면 저항할지를 선택할 수 있으며, 그의 행동과 선택은 미리 결정되거나 조건화된 것이 아니다." 이 말은 인간의 선택과 책임성을 강조하며, 가장 어려운 환경에서도 자율적으로 선택하는 능력이 인생의 의미를 찾아가는 데 중요함을 보여줍니다.

교육 철학자 존 듀이 역시 『경험과 교육』 Experience and Education에서 "교육은 단순히 인생을 위한 준비 과정이 아니라, 교육 자체가 인생이다" Education is not preparation for life; education is life itself라고 했습니다. 이것은 많은 경험이 우리 삶의 일부로써 중요하다는 의미를 전합니다.

존 듀이는 경험을 통한 학습을 강조하며, 빅터 프랭클 박사

내 아이를 믿는다는 것

는 자율성과 책임을 중요시합니다. 따라서 아이들의 학습은 경험과 자기계발을 중심으로 진행되어야 하며, 자유로운 선택을 통해 자아를 찾아가는 능력을 길러주어야 합니다.

생성형 인공지능 시대에는 인간의 가치를 찾아내는 교육이 중요합니다. 경험적 학습과 지속적인 자기개발, 그리고 자아를 발견하는 능력 등을 강조하며 아이들의 교육을 이끌어야 합니다. 존 듀이와 빅터 프랭클 박사의 생각을 바탕으로 의미 있고 중요한 방향성을 고민하는 계기가 되었으면 합니다.

부족하기 때문에
잘 풀릴 수 있어요

66 지금 우리 아이가 정서적, 또는 외부적으로
힘들어하고 있다면 조용히 손을 내미세요.
지금부터가 긍정적인 회복이 필요한 시기니까요. 99

'회복탄력성'에 대한 김주환 교수의 접근 방식은 독특합니다. 그
는 역경을 극복하여 성공하는 것이 아니라, 역경 자체가 성공으
로 이끄는 원동력이라고 주장합니다. 그 예로 안데르센의 '미운
오리새끼'와 '성냥팔이 소녀'를 들었습니다. 안데르센은 자신
의 외모와 가난한 환경 때문에 이러한 작품들을 창작할 수 있었
다고 합니다. 우리는 어려움을 극복해서 그 어려움이 '없는' 상
태가 되었기에 거기에서 성공을 이뤄냈다고 생각하지만 실상은
그렇지 않다는 것이지요.

우리 아이가 지금 바닥이라면, 인생이 잘 풀리지 않는다면

내 아이를 믿는다는 것

이것은 새로운 시작의 신호일 수 있습니다.

얼마 전, 지인으로부터 딸아이에 관한 고민을 토로하는 전화를 받았습니다. 아이는 고등학교 내신을 거의 1.1~1.2를 받아 수능최저등급을 통과해서 수시로 명문대 컴퓨터공학과에 진학했지만, 다른 학생들보다 기초적인 컴퓨터 지식에서 부족함을 느껴 큰 스트레스를 받고 있다고 했습니다.

컴퓨터공학과에 들어가면 어떤 아이들이 있나요? 일단 초등학교 시절부터 컴퓨터를 수리하고 뜯어보고 안에 무엇이 들어있는지, 궁금해하던 애들이 잔뜩 있어요. C언어부터 기본적인 코딩을 시작으로 '신동급'으로 잘하는 아이들이 많이 들어가죠. 그런데 지인의 딸은 내신과 여러 요건을 맞추기는 했지만, 그런 역량은 없었던 거예요. 그래서 3년 내내 울고불고, 공부 어렵다고 난리를 치면서 부모 속을 엄청 뒤집어놓은 것이죠.

하지만 모르는 것 자체도 경쟁력이 될 수 있다는 사실을 알려주었습니다. 제 친구 중에도 컴퓨터 공학 전공자로서 아마존에서 이사로 재직하며 중요한 프로젝트를 이끄는 사람이 있습니다. 그 친구는 개발자는 아니지만 IT 용어와 기능 등에 대해 익숙하며 사람들 사이에 의사소통을 잘 해내며 자기 역할을 다 했습니다. 회사에서는 IT 회사이든 어디든 공대생들과 대화하는 사람이 필요한데 그 역할은 엄청 중요합니다. 일반 사람들보다 기술에 대해 잘 알면서 개발자와 깊이 의사소통하는 능력을 이 시대가 찾고 있습니다. 딸에게는 그런 자신만의 영역을 찾아 나가는 과정이 필요하다고 지인에게 조언했습니다. 기업은 공학만 잘하는 사람을 상대하는 것이 아니니까요(얼마 전에 전화왔네요. 요즘 컴퓨터공학도들의 꿈인 카카오에 입사했다고 말이죠).

이처럼 어려움 속에서도 새로운 가능성을 찾아내 성공하는 것은 회복탄력성의 실제 사례입니다.

바닥인가요? 0점인가요? 그럼 거기에서부터 시작하면 됩니다. 이 세상에 마이너스 점수는 없으니까요. 0점이면 바로 시작하면 플러스가 되지요. 하기만 하면 플러스인데 안 할 이유가 있나요?

우리 아이들에게 필요한 것은 그들의 가능성을 믿어주는 한 사람입니다. 바로 부모입니다. 아무것도 없을 때, 타자기와 아이디어 하나로 큰 부자의 반열에 올랐던 조엔 롤링의 '해리포터'처럼, 아이들이 자신만의 이야기를 시작할 수 있게 희망을 줍시다. 아이들이 한 발자국씩 앞으로 나아갈 수 있도록 격려합시다.

내 아이를 믿는다는 것

공부는 원래 재미없어요

❝ 공부를 어떻게 재밌게 해요. 공부는 원래 재미없어요.
그냥 묵묵히 하는 거예요.
공부에 재미를 붙이라는 말은 하지 마세요. **❞**

제 아들들은 둘 다 초등 1학년 때 받아쓰기에서 거의 빵점을 받아왔어요. 연속으로 빵점을 받아오니 둘이 난리를 피워요. 반응이 재밌어요. 여자애들이 바보라고 비웃는다, 너무 창피하다. 둘째 아들은 제 탓을 했어요. 왜 자기 받아쓰기를 안 봐주냐면서 난리를 피웠어요.

잠깐은 받아쓰기를 봐줄까 생각했어요. 그런데 곧바로 아들한테 말했어요. 엄마는 받아쓰기 봐주기 싫다고. 그러자 아들이 따졌어요. 그래서 저는 이렇게 대답했죠.

"길에 지나가는 어른들한테 다 물어봐. 초등학교 1학년 때 받아쓰기 100점 못 받아서 지금 이렇게 살고 있다고 하는 사람 있는지. 아무도 없어. 받아쓰기는 그냥 네가 알아서 하는 거야. 그런데 네가 말한 것처럼 쪽팔려. 받아쓰기 0점은 사정없이 쪽팔려. 사실 공부는 '가오'야. 니가 그걸 알았으면 공부하면 되지, 뭐. 받아쓰기 나왔던 문제를 잘 생각해보면 규칙이 있단 걸 알게 돼. 그건 네가 알아내는 게 좋아."

"공부 잘하면 그냥 기분이 좋아. 가끔 어떤 사람들은 내가 혹시 좋은 놈일 수도 있다고 생각해주기도 해. 다른 건 없어. 그냥 기분이 좋지. 사실 엄마처럼 다른 이유로 공부하는 사람도 있어. 갑자기 단백질 구조가 궁금하다던가. 미토콘드리아의 생명 작동 원리가 궁금하다던가. 우주의 별이 어떻게 생성 소멸 변화되는지, 순수하게 그저 알고 싶은 사람들이 있기는 해. 사실 엄마는 그런 이유가 나중에 생기긴 했지만, 어릴 땐 그런 게 없었던 거 같아. 또 그냥 그렇게 하다 보니, 어떨 때는 재미도 생겼고. 하지만 나도 너처럼 어릴 때는 그냥 쪽팔려서 공부했어. 잘하는 게 멋져 보여서."

그 후로도 아들들은 바로 100점을 받진 못했어요. 워낙 책 읽기를 싫어하는 아이들이었고, 받아쓰기는 어른인 제가 봐도 어려웠습니다. 그러나 결국 1학년 말에 가서는 규칙을 찾아내 한두 번 100점을 받아오긴 했어요. 그리고 지금은 큰소리를 치면서 어릴 때 받아쓰기 백 점 못 받는 사람이 누구냐면서 아주 호기를 부리기도 합니다.

지금은 아들들도 저도 새로운 '받아쓰기'를 연습하고 연구합니다. 첫째는 고3, 둘째는 중3이니까요. 저 또한 의학과 박사 과정에서 계속 공부하고 있어요. 사실 공부가 재미있는 순간이 있기는 했지만, 페이퍼 내고 교수님께 피드백 받고, 지적질받는 세미나를 여러 번 하다 보면 딱 밥맛 떨어질 때가 있지요.

그렇지만 이러한 경험과 지식이 쌓여서 지금 제가 이렇게 살아가는 거 같아요. 처음엔 쪽팔려서 했던 공부가, 계속 하다 보니 가끔 재미있게 되고, 하는 일과 연관되니 사람들을 유익하게도 하고 그러다 보니 돈도 벌고, 또 여유가 생기니 더 공부를 하게 되고 말이에요. 인생의 어떤 단계에 있든, 주어지는 어떤 상황에서도 공부와 지식이 우리를 성장시킨다는 것은 처절한 진실이예요.

그러면 우리, 현실적으로 가능한 이유부터 아이들과 함께 찾아보는 것은 어떨까요?

자녀와의 규칙은
부모가 정하세요

✳

66 소통 잘하는 부모가 항상 좋은 건 아니에요.
칭찬과 보상을 적절히 활용하는 지혜가 필요해요.
자녀와의 규칙은 부모가 정하세요. 99

때로는 '친구 같은 부모'라는 개념이 애매모호하게 해석되곤 합
니다. 아이에게 무엇이 좋은지 모르겠다면, 그냥 아이가 하고 싶
은 대로 놔두자는 태도로 전환되기 쉽죠. 이런 접근법으로 부모
는 잠시 책임을 회피할 수는 있겠지만, 결국 아이에게 필요한 삶
의 지침과 규칙을 주지 못하게 됩니다.

심지어 어떤 경우에는 부모가 부부의 문제를 자녀와 공유하
며 아빠나 엄마 흉을 봅니다. 하지만 이런 행동은 아버지(어머니)
에 대한 부정적인 인식을 조장하고, 결국 아이가 건강한 남성(여
성) 이미지를 형성하는 것을 방해합니다. 부모님들과 이야기를

내 아이를 믿는다는 것

나누다 보면, 너무 파괴적인 사례가 많아 걱정될 때가 많습니다. 이런 일로 아이와 이야기를 많이 한다고 해서 소통을 잘하는 부모라고 할 수 없겠지요?

그렇다면 진정한 소통이란 무엇일까요? 소통은 단순히 말을 주고받는 것 이상으로, 서로의 생각과 감정, 원하는 것들을 이해하며 그에 대해 적절히 반응하는 것입니다. 따라서 진정으로 소통하는 부모는 아이의 말과 마음을 진심으로 듣고 이해합니다. 소통을 잘하는 부모만이 아이의 감정을 지지하고 공감하여 당면한 문제를 함께 해결할 수 있어요.

자녀와 소통하는 목적은 아이와 올바른 관계를 정립하는 데 있습니다. 소통을 통해 부모가 아이의 감정과 생각, 그리고 문제에 대한 원인을 잘 이해할 수 있게 되지요. 이러한 이해를 기반으로 부모는 아이에게 더 적절한 지원과 조언을 제공할 수 있습니다. 또한 이러한 소통이 전제된다면 부모와 아이 사이에는 당연히 신뢰감이 쌓이게 되겠지요? 부모가 아이의 감정과 생각을 존중할 때 아이는 자신의 의견을 표현하는 데 두려움을 느끼지 않아도 되니까요. 이것은 더 나아가 아이가 사회에서의 대인관계 능력을 키우는 데 아주 중요한 요소로 작용합니다. 인간관계는 기본적인 규칙에 대한 합의를 근거로 돌아간다는 것을 어릴 때부터 체화된 지식으로 알 때, 아이의 대인관계 능력은 높은 수

준으로 향상됩니다.

규칙 설정 과정도 중요합니다. '규칙'은 가족 구성원 간의 균형 잡힌 관계를 형성하기 위한 중요한 도구입니다. 하지만 규칙을 정하는 과정에서 당연히 반발과 저항도 발생합니다. 그래서 중요한 것은 함께 규칙을 만들어 나가는 과정입니다. 함께 규칙 설정 시에 자녀는 자기 의견과 생각을 표현할 기회를 얻으며, 해당 규칙에 대해 책임감을 느낍니다. 자신이 참여한 규칙에 대해서는 준수 효과가 매우 높다는 사실은 여러 연구에서도 뒷받침됩니다.

하지만 규칙은 단순히 세우는 것만으로 충분하지 않습니다. 부모의 지혜와 보상이 필요합니다. 아이의 행동과 감정, 상황을 정확하게 파악하고 적절한 반응을 보이는 지혜와, 규칙 준수에 대한 아이의 동기부여를 높여주기 위해 보상이 필요하지요.

예를 들어, 아이가 규칙을 지키지 않았을 때 그 원인을 찾아내고, 그 원인에 따라 적절한 대응을 하는 것이죠. 단순한 꾸지람이나 혼내기만 하는 것이 아니라, 아이의 감정과 생각을 이해하고 그에 맞는 대응을 하는 것입니다. 그리고 보상은 아이의 동기부여를 높이는 데 큰 역할을 합니다. 보상은 반드시 물질적인 것이어야 하는 것은 아니예요. 칭찬, 함께하는 시간, 그리고 아이가 좋아하는 활동을 함께하는 것 모두 아이에게 큰 보상이 됩니다.

소통과 규칙 설정, 그리고 지혜로운 선택 및 적절한 보상 등 모든 것은 결국 부모와 아이 사이의 관계를 강화하는 방향으로 작용합니다. 부모의 지혜로운 선택과 적절한 보상은 아이의 성장과 발전을 위한 핵심 역량으로 작용하며, 함께 건강한 관계를 구축해 나갑니다. 이런 방식으로 우리는 아이와 함께 건강하고 행복한 가정 환경을 만들어 나갈 수 있습니다.

2부

좋은 대학에서
좋은 인생으로

세상에서 가장
무서운 엄마는?

❝ 자녀교육에 관한 어떤 책이나 전문가의 견해도
하나의 주관적인 의견일 뿐이에요.
부모가 다르고 아이가 다른데 똑같이 하는 게
더 이상한 거 아닌가요? **❞**

이 세상에서 제일 무식한 엄마는 누구일까요?

네! 맞습니다. '책 한 권만 읽은' 엄마예요. 그리스 신화, 테세우스의 여행에 나오는 프로크루스테스의 침대 이야기를 생각해보세요. 프로크루스테스는 그리스 아티카 지방의 강도로, 행인을 붙잡아 집에 데려와서는 자신의 침대에 눕힌 후 키가 침대보다 크면 그만큼 잘라내고 침대보다 작으면 억지로 침대 길이에 맞추어 늘여서 죽였다고 전해지지요. 맞지 않는 사람들을 강제로 맞추려다 결국 자신도 그 침대에 누워 죽음을 맞이합니다.

이 신화를 잘 기억하시길 바랍니다. 책 한 권으로 견문이 조금 확장되는 것은 맞습니다. 그러나 다양한 면을 함께 생각해야 하는 우리 아이에게 적용할 때는 그냥 하나의 의견으로 생각하는 것이 좋아요. 변화가 가득한 이 세상에서, 아무리 유명한 전문가라 해도 그들의 조언은 '하나'의 시각일 뿐이며, 모든 아이에게 적용될 수 있는 절대적인 진실은 아닙니다. 아이에게 적용할 때는 여러 가지를 함께 고려해야죠.

자녀는 실험 대상이 아니니까요. 책에 나오는 대로 남의 아이가 이뤄냈다는 성공 방식을 따라 하다 보면, 독특한 개인으로 보지 못하고 실험실 안에서 관찰하는 대상처럼 여길 수 있어요.

많은 공부법 책에 나온 이야기는 대부분 성공사례입니다. 실패한 이야기는 나오지 않아요. "대치동에 가서 성공했다", "선행학습으로 영재고 합격했다", "이렇게 해서 의대 갔다" 등등. 모든 아이가 같은 방법으로 성공할 수 없으며, 공부 방법 역시 개개인에 따라 다르게 접근해야 합니다. 대치동에 가도, 선행학습을 해도, 어떤 과외를 받더라도 성공하지 못한 많은 아이가 있다는 것을 기억해야 해요.

아무것도 하지 말라는 뜻이 아닙니다. 정말 아이의 마음에 원하는 목표가 있고, 가정에 맞는 바람직하고 좋은 방법이 있다면 그렇게 따라가는 것이 좋겠죠. 흩날리는 나뭇잎처럼 나부끼는 의견을 따라다니기엔 우리 아이가 훨씬 귀하니까요.

남의 자식, 남의 교육과 우리 자신과 아이를 비교하지 말도록 해요! 남들 따라서 하는 자녀교육은 그냥 그런 게 있구나 하고 가볍게 생각하세요. 부모가 다르고 아이가 다른데 똑같이 하는 게 더 이상한 거예요. 오히려 세상에서 가장 두려운 것은 지식을 잘못 이해하고 적용하는 것입니다.

자, 그렇다면 질문 하나 더.
"이 세상에서 가장 무서운 엄마는?"

네, 답은 "비교하는 엄마."

아이마다 모두 다릅니다

> 대한민국에는 자녀교육 전문가들이 너무 많아요.
> 교육 철학은 같을 수 있으나,
> 적용 과정에서 솔루션은 반드시 달라야 해요.

세상에는 자녀교육 전문가들이 너무 많습니다. 그들의 조언은 대표적인 사례를 바탕으로 한 것일 뿐, 모든 아이에게 적용되는 절대적인 진실은 아닙니다. 어떤 전문가는 학원에서 반복적으로 문제를 풀게 하는 것을 비판하며, 다른 전문가는 심화 문제를 풀 때 답을 보지 말라고 주장합니다. 또 다른 전문가는 선행학습의 중요성을 강조하며, 일부는 이에 반대합니다.

그러나 이 모든 조언은 그들의 개인적인 견해일 뿐입니다. 실제로 교육 현장에서 가르치다보면 아이들마다 상황이 다르기 때문에 일반화된 조언을 그대로 적용하기는 쉽지 않습니다. 아이들마다 학습 방식과 속도, 목표와 거주 지역 등 여러 요소가 달라서 같은 방법이 모두에게 통할 수는 없기 때문입니다. 예를 들어 어떤 아이는 '근의 공식'을 100번 반복해야 이해할 수 있으며, 어떤 아이는 중3 내용을 고3 때 배워야 하고, 또 어떤 아이는 고등학교 선행학습까지 필요할 때도 있습니다.

예를 하나 더 들자면, 수학교육의 영원한 이슈, "심화문제를 풀 때 답지를 봐야 하냐?" 하는 문제인데요, 어떤 전문가는 절대로 답을 보지 말게 해야 한다고 하고, 어떤 분은 아예 영원히 풀 수 없을지 모르니 답을 참고하게 해야 한다고 말합니다. 생산적인 차원에서 이렇게 저렇게 하라고 말입니다.

선행학습에 대해서는 어떻게 생각하시나요? 전문가들은 어떻게 하라고 알려주나요? 입시전문가들과 학교 선생님의 의견의 차이는 어떤가요?

의견이 다양하다는 것을 알 수 있어요. 그런데 방송에서 어떤 이야기를 듣고 딱 한 줄 꺼내와서는 우리 아이 이렇게 해야겠다고 적용하다니요! 제가 생각하기엔 선행은 어느 지역에 거주하는지도 중요한 요인 같습니다. 학교 시험문제 난이도에 따라 또 달라지니까요. 인생의 절반 이상을 수학만 가르치면 살았던 저의 결론은 이렇습니다.

아이들마다 다릅니다. 아이들의 목표마다 다릅니다. 거주 지역의 기출 난이도에 따라 다릅니다.

　우리 아이만의 상황에 딱 맞는 일반화된 해결책은 없습니다. 각각 개별적으로 다른 해결책을 찾아야 하며, 그 과정에서 필요한 것은 전문가의 조언을 듣되, 그것을 현실에 맞게 조정하고 적용하는 것입니다. 교육 철학은 같을 수 있으나, 현장에서 아이들에게 적용하는 과정에서는 개인별로 철저히 다른 솔루션이 필요합니다. 전문가들의 말을 듣는 것도 중요하지만, 그보다 더 중요한 것은 우리 아이를 잘 관찰하고 이해하는 것입니다.

　따라서 부모가 자녀교육 전문가의 조언을 듣고 적용할 때는 신중해야 합니다. 매스컴에서 나오는 자녀교육 관련 정보나 팁은 참고 자료일 뿐입니다. 20년 이상 교육 현장에 있는 저도 상담 문의가 오거나 아이들 테스트를 볼 때는 항상 말씀드려요. "'이 학생'의 경우는 이렇습니다"라고요. 또한, 친한 엄마 2명이 함께 오면 동시에 상담을 진행하지 않습니다. 아이의 실력과 성향이 서로 다르므로 괜한 오해가 생기거나 상담이 잘 진행되지 않을 수 있기 때문입니다. 한 명은 속도를 훈련해야 하고, 한 명은 정확성을 훈련해야 한다면 더 그렇겠죠? 아이의 여건과 조언의 배경은 다를 수 있다는 걸 명심해야 합니다.

03

아이의 삶에
여백이 있나요?

> **❝** 초등 시기에는 공부하는 힘을 길러주세요.
> 공부력(엉덩이를 붙이고 매일 꾸준히 공부하는 능력)이
> 당장 보이는 성적보다 더 중요해요. **❞**

부모님들은 자녀가 바쁘면 좋다고 생각하시는 것 같습니다. 미리 얘기하자면 자기가 스스로 세운 계획이 아니면 바쁠수록 좋지 않습니다. 바쁘면 지금 현재 여기에서 무슨 일이 일어나고, 내 마음은 어떤지, 그리고 내가 뭘 하고 싶은지에 대한 생각이 형성되지 않아요. 그저 엄마가 가라고 하는 곳이 스케줄이 되는 것이죠. 예전 신문 기사에 하버드 박사를 받은 20대 청년이 그랬다죠? "엄마! 나 이제 다음에 뭐해?"

최재천 교수님도 한 인터뷰에서, 4년 내내 교과 커리큘럼을 짜는 데 도와줄 수 있는지 물어오는 부모님이 있었다고 하셨죠.

저자(김성곤)도, 자기 아들이 서울대 3학년인데 그 회사에서 인턴 할 수 있느냐는 전화를 직접 받아보기도 했습니다. 정말 어이가 없는 노릇입니다.

저는 이런 문제가 초등학교 때부터 시작한다고 생각합니다. 아이들에게는 여백이 있어야 성장하는데, 그 여백을 엄마가 앞장서서 없애버리고 있으니, 자기가 할 일에 대한 인식과 선택 능력이 점점 퇴화되는 게 아닌가 하는 생각이 들어요. 조금씩이라도 아이들이 자기가 할 수 있는 능력을 키울 기회가 있어야 하는데 말이에요. 특목고를 가지 않는다면 초1부터 중3까지의 내신은 중요하지 않아요. 그렇다면 그 긴 시간 아이들에게 자기만의 공부법을 찾도록 도와주는 것이 부모의 일 아닐까요?

초등학생이라면, 기본적인 생활 습관을 잡아주는 데 집중하면 좋습니다. 아침에 제시간에 일어나기, 밤에 일찍 자기, 학교 다녀와서 먼저 숙제하기, 학교 준비물 챙기기, 알림장 보여주기, 준비물 전날 준비해두기, 일주일에 책 한 권 읽기 등등. 현실적이고 작은 습관을 아이들 삶에 자리 잡도록 하는 거죠. 초등 저학년 때는 집중해서 하는 시간을 한 시간 이내로 하다가 30분씩 늘려가는 방법은 어떨까요? 이처럼 아이가 초등학생일 때는 좋은 습관을 잡아주는 연습부터 시작해보세요.

엄마들하고 이야기를 나눠보고, 아이들의 생활을 지켜보니, 아이들이 너무 바쁘다는 것을 알게 되었습니다. 1학년부터 5학년 정도까지는 아이들이 말을 잘 들어요. 엄마의 교육열과 비례해 별별 학원을 다 다니더라고요. 바둑, 수영, 피아노, 펜싱, 미술, 첼로, 바이올린, 이런 예체능 외에도 수학 학원만 3가지를 하는 친구도 봤어요. 하나는 사고력 수학, 다른 하나는 교과 수학, 그리고 두 학원을 서브해주는 개인 수학 과외. 아이들이 너무 바빠요.

초등학생 시절에 너무 바쁜 일정으로 자신만의 여백과 생각할 시간 없이 지내다 보면, 결국 자신이 무엇을 원하고 어떻게 해야 하는지를 잊어버리게 됩니다. 이렇게 되면 나중에 크게 성장할 수 있는 기회를 잃게 됩니다. 이 시절에 가장 중요한 것은 눈에 보이는 학업 성과가 아니라, 공부하는 힘이라는 사실을 잊지 마세요.

아이 교육을
학원에 맡기지 마세요

> 66 부모교육에 겁쟁이가 되지 마세요.
> 내 자녀교육만큼은 부모 자신이 하는 거예요.
> 그래서 올바른 부모교육이 필요해요. 99

신은 너무 바빠서 아이를 보호하는 일에 사랑하는 엄마라는 천사를 주었다고 합니다. 그런데 이 천사가 겁쟁이라면, 어떻게 아이를 보호하고 사랑할 수 있을까요? 아이는 우리가 가장 잘 알고, 아이 교육은 오롯이 우리 책임입니다. 도움을 청하는 것은 겁쟁이가 아닙니다. 그러나 부모로서 아이의 교육을 다른 사람에게 완전히 맡기지 않아야 합니다. 요즘 자주 접하는 학원 남용 사례들도 가만히 들여다보면 자녀교육을 전적으로 남에게 의지하려 할 때 발생하는 문제입니다.

『일리아드』에 소개된 이야기가 생각납니다. 어머니 테티스는 아킬레스를 불사신으로 만들기 위하여 저승에 흐르는 스틱스 강물에 넣었다가 뺐는데, 테티스가 잡고 있던 발 부분이 물에 잠기지 않아서 발꿈치가 그의 유일한 약점이 되었습니다. '아킬레스건'이라는 말로 알고 있는 신화 속 이야기죠. 어머니 테티스는 아킬레스를 완벽하게 보호하고자 했지만, 그 과정에서 오히려 아킬레스의 약점을 만들어버렸습니다. 부모가 자녀를 너무 과도하게 보호하려 할 때, 자녀는 오히려 세상의 현실과 직면할 준비가 늦어질 수 있음을 상징하지요. 부모로서 우리의 역할은 아이를 보호하는 것이지만, 아이가 세상을 스스로 이해하고 대처할 수 있도록 돕는 것도 포함됩니다.

또한 자녀를 완벽하게 보호하는 것은 불가능하지요. 세상은 예측할 수 없는 위험과 도전으로 가득하며, 자녀의 모든 약점을 커버할 수는 없기 때문이지요. 이 신화는 자녀가 세상을 스스로 탐험하면서, 그 과정에서 오는 실패와 성공을 통해 성장하도록 하는 것이 중요함을 깨닫게 합니다. 부모가 너무 간섭하거나 과도하게 보호하려 할 때, 그것이 자녀에게 오히려 독이 될 수 있음을 알려줍니다.

우리가 자녀들을 여러 학원에 보내면서 아이를 가만히 두지 않으려는 것은 단순히 불안해서일까요? 자녀교육을 타인에게 맡기고, 정작 가정교육 문제는 책임 전가를 하거나 게으름을 피우려는 게 아닌가 하는 의심도 듭니다. 어떤 논문은 이 부분에 대해 건강하지 않은 학부모의 욕망을 아이들에게 투영하고 자신이 이루지 못한 꿈을 이루려는 목적 아래 자식을 대상화하는 것이라고 보았습니다. 인격적인 주체가 아니라 그냥 도구로 사용하는 경향, 부모의 잘못된 자아 왜곡이 과잉보호의 발단이라는 내용이었어요.

현실적인 필요성도 인정하긴 해야 합니다. 지금 시대에 부모들이 얼마나 바쁜지, 맞벌이가 필수가 된 이 시대에 자녀교육을 전부 손수 챙기는 것은 실용적이지 못해 보입니다. 지금은 농경사회가 아니니까요, 모든 일을 직접 해낼 수는 없죠. 여기서 중요한 것은 우리 자녀를 정확하게 이해하라는 것입니다.

그들의 행동과 반응을 주의 깊게 관찰하는 것부터 시작합니다. 무엇을 좋아하고 싫어하는지, 어떤 상황에서 기쁨과 불편함을 느끼는지를 주시하며 알아가는 것이 중요합니다. 더불어 자녀의 의견을 존중하고 대화를 통해 무엇을 생각하고 원하는지 듣는 것이 중요합니다. 부모와 자녀 간의 소통은 자녀교육에서 핵심 역할을 합니다. 자녀교육을 남에게 위임하더라도, 부모는 자녀의 교육과 성장에 대한 책임을 완전히 넘기지 않아야 합니다. 부모의 관심과 참여는 자녀에게 큰 의미가 있습니다.

자녀교육은 쉽지 않은 과제이며, 자녀가 성장함에 따라 상황도 변합니다. 따라서 부모는 지식과 기술을 계속 업데이트하고, 자녀의 발달 단계에 맞는 교육 방법을 습득해야 합니다. 부모와 자녀 간의 소통 능력도 중요하며, 자녀의 의견과 감정을 존중하는 자세가 필요합니다. 부모와 자녀 간의 관계는 상호적인 것입니다. 자녀가 부모를 배우고, 부모는 자녀로부터 배우며 함께 성장합니다. 이런 관계를 통해 부모와 자녀는 서로에게서 힘과 지지를 얻을 수 있고, 함께 행복한 순간을 누릴 수 있습니다.

부모로서 우리는 자녀의 성장과 행복을 위해 용감하게 행동해야 합니다. 용감한 부모가 되어, 함께 행복을 찾고 나누는 것이 진정한 가족입니다. 사랑으로 어우러져 성장하고 더욱 풍요로운 삶을 살 수 있는 방법이기도 합니다.

부모의 포기, 아이의 성장

> 안 되는 건 과감하게 포기하세요.
> 그건 부모 욕심이에요.
> 부모의 약점을 보완하려는 데서
> 대부분 투사(投射)가 시작돼요.
> 자기실현을 위해 애쓰는 모습을 먼저 보여주세요.

영국 수상 처칠이 옥스퍼드 대학교 졸업식에서 한 말은 유명합니다. 쏟아지는 환호성에 아랑곳하지 않고, 작은 목소리로 말했어요.

"You, never give up!" 잠깐 뜸을 들인 후에 다시 한번, 좀 더 큰 목소리로 말했다고 해요.

"You! never never never give up!"

그러나 역설적으로 자녀의 성장과 발전을 위해 포기해야만 하는 것도 있습니다.

첫째로, 자녀가 모든 것을 완벽하게 해내기를 바라지 말아야 합니다. 그러한 요구는 자녀에게 무리한 부담감을 주며, 성장과 발전에 오히려 방해가 됩니다. 아이들은 실패와 실수를 통해 배워 나가며 성장하기 때문입니다. 따라서 실패와 실수를 허용하고 이를 통해 배울 수 있는 기회를 제공하는 것이 더 중요합니다. 그리고 부모는 자녀와의 소통과 상호작용을 통해 서로 이해하고 존중하는 관계를 유지해야 합니다.

아이들에게 수학을 가르치는 일을 20년 넘게 해오면서 어떤 아이에게 그만 나오라고 한 적이 딱 한 번 있었어요. 이 친구 이름이 수연이(가명)인데요. 한번은 아이가 문제를 풀고 나서 제가 확인하며 틀렸다고 표시하는 것을 보고는 엉엉 우는 거예요. 엄마한테 또 맞는다고요. 이 말을 듣고 너무 화가 나더라고요. 그러지 말라고 몇 번이나 말했는데요. 여하튼 그래서 그 아이와는 헤어지게 되었지요. 아이 엄마한테는, 어머님의 훈육방식에 절대 동의할 수 없기 때문에 따님을 가르칠 수 없다고 한 적이 있었어요.

사람은 실패와 실수를 통해 성장하고 배우지요. 저는 아직도 많이 틀려요. 공부를 계속하며 사는 저도 이렇게 잘 틀리는데 어떻게 그런 비현실적인 기준으로 아이를 대하는지 의아했습니다. 아이가 실패하고 실수할 수 있도록 허용해주어야 잘 자라지 않겠어요?

둘째로, 자녀의 일에 과도하게 개입하지 않아야 합니다. 때론 아이들 사이의 다툼에 너무 개입하여 상황을 복잡하게 만드는 경우도 있습니다. 모든 사건이 그렇지는 않겠으나, 아이들 싸움에 어른들이 상상의 나래를 펴고, 감정을 섞다 보면 아이가 영향을 받아서 사건을 키울 때가 있더라고요. 아이들 사이의 문제는 가능한 한 그들 스스로 해결할 수 있도록 두어야 합니다. 아이도 문제를 해결하며 자기 자신을 스스로 발전시킬 수 있어야 합니다. 이렇게 함으로써 아이들도 독립적인 생각과 책임감 있는 행동을 배울 수 있습니다.

셋째로, 부모는 자녀에게 모든 것을 제공하지 말아야 합니다. 부모라면 자녀를 위해 최선을 다하고, 최고의 환경과 기회를 제공하고 싶은 마음이 있습니다. 그러나 아이들에게 필요한 것 이상을 미리미리 제공하면 '아쉬울 것이 없는' 아이가 됩니다. 결핍이 있어야 인식이 생기고 인식이 생겨야 목표가 생기지요. 그러므로 일정량의 어려움과 한계 경험도 필요합니다.

마지막으로, 자녀의 꿈과 흥미를 존중하고 지원해야 합니다. 강제적으로 부모의 꿈과 희망을 투영하고 강요하는 것은 아이들이 개인적으로 재능과 열정을 발견하고 발전시키는 데 방해가 됩니다. 자녀는 자신만의 꿈과 흥미를 가지고 그것을 추구해야 합니다.

아이는 생각도 없는 의대를 엄마가 보내겠다고 상담하러 왔는데, 아이에게 진짜 생각이 없어보이면 저는 그냥 엄마한테 공부해서 의대 가라고 해요. 애는 생각도 없는데 엄마 목표가 너무 명확해서 아이의 다른 요소를 다 압사시켜버리거든요. 이런 경우는 엄마가 의대를 가야 할 거 같다고요. 이미 동기도 충분하고 머리도 좋고, 100세 시대에 40대는 아직 젊으니까요.

결국, 우리가 과감하게 포기해야 할 것들은 우리의 욕심과 기대입니다. 이런 것을 포기함으로써 아이들은 실패와 실수를 겪으며 배울 수 있고, 독립적인 생각과 책임감 있는 행동을 체득합니다. 또한 자신만의 꿈과 흥미를 가지고 그것을 추구할 수 있게 됩니다.

06

너는 분명히 잘될 거야

❝ 자녀만 보면 가끔 답답하시죠?
이럴 땐 이렇게 말해보세요.
"너는 분명히 잘될 거야."
소속 욕구가 강한 청소년 시기에는 부모의 긍정적인
한 마디가 엄청난 나비효과를 불러와요. **❞**

우리는 아이들을 종일 생각하고 있어서, 가끔은 너무 좁은 시선으로 바라볼 때가 있습니다. 이럴 때는 객관적인 도구를 활용하는 것이 도움이 됩니다. 우리나라에서 제공하는 기초학력 진단 사이트를 활용해보세요. 교육전문가와 심리학자들이 만든 이 사이트는 학생들의 학습 상황과 심리 상태를 파악하는 데 큰 도움을 줍니다.

"기초학력향상지원사이트"(www.basics.re.kr)는 일명 '꾸꾸' Ku-Cu라고 하는데, 대부분 학생에게 도움이 되고, 특히 공부에 관심이 없다가 이제 조금씩 시작해보려는 중학생을 둔 학부모

내 아이를 믿는다는 것

들에게 매우 유용한 자료를 제공합니다. 학업적인 측면뿐만 아니라, 심리적인 부분도 도움을 주는데요, 사이트의 정서 심리 지원 코너는 학생들을 돕기 위한 다양한 검사지를 제공합니다.

물론, 가장 중요한 것은 우리의 무조건적인 지지와 응원입니다. 자녀의 성장과 발전은 오랜 시간 동안 일어납니다. 칼 로저스Carl R. Rogers의 인간중심 상담 이론에 따르면, 모든 인간, 특히 아이들은 그들만의 '잠재된 나'를 가지고 있습니다. 이 '잠재된 나'는 아이들이 자기 가능성을 깨닫고, 그 가능성을 최대한으로 발휘하며 성장하고 발전해 나가는 과정에서 드러납니다. 이러한 과정은 자기개념 형성과 밀접한 관련이 있으며, 아이들 스스로가 자신에 대해 어떻게 생각하고 느끼는지에 크게 영향을 받습니다.

이 과정에서 부모의 역할은 중요합니다. 부모는 자녀에게 성장 공간, 즉 안전하고 긍정적인 환경을 제공해야 합니다. 부모가 조건 없는 긍정과 수용으로 자녀를 대한다면, 그들은 실패와 실수를 두려워하지 않으면서 스스로 더 잘 알아갈 수 있는 기회를 얻습니다. 이는 자기개념을 형성하고 성장을 이루는 데 큰 영향을 미칩니다.

무조건적인 긍정과 수용이란, 부모가 자녀의 생각과 감정,

행동에 대해 평가나 비판 없이 그대로 받아들여 주는 태도를 말합니다. 이것은 단순히 '긍정적인 피드백'보다 더 깊은 의미를 가지며, 부모와 자녀 사이에 신뢰와 존중 관계를 형성하는 핵심 요소입니다. 부모들은 이러한 소통을 통해 아이들의 내면세계를 더 깊이 이해하고 지원할 수 있습니다.

아이들이 자신의 잠재력을 깨닫고 발휘할 수 있도록 돕는 것은 부모의 중요한 임무 중 하나입니다. 자녀를 바라보며 가끔 답답함을 느낄 때가 있으실 거예요. 그럴 때마다 생각하세요. "너는 분명히 잘될 거야." 이렇게 생각하면 마음이 편해집니다.

안정형 애착을 주는 부모

> 66 자녀교육에 드라마틱한 건 없어요.
> 뭐든 꾸준함이 가장 큰 솔루션이란 걸 잊지 마세요.
> 대부분 부모는 꾸준하지 못해서
> 실패한다는 사실을 잘 모릅니다. 99

『이솝우화』에서 〈토끼와 거북이〉 에피소드는 꾸준함의 가치를 간결하게 전달합니다. 우리 아이가 토끼라면, 목표를 빠르게 달성하려는 노력도 중요하지만, 그 과정에서 꾸준함과 인내도 함께 가르쳐야 합니다. 토끼는 자만심으로 경주 중에 잠을 자버리죠? 요즘 토끼들은 거의 그렇지 않다고 하지만, 저는 '눈뜬 채' 자는 토끼를 가끔 만납니다. 대치동을 포함한 강남 지역에서 수학을 가르치다보면 어릴 때 공부를 많이 한 친구들이 정말 집중해서 열심히 해야 하는 시기에 '눈 뜬 채' 게으름을 부리는 경우를 많이 봤어요. 어릴 때부터 했던 공부고, 이미 충분히 노력했음을 자신도 주위에서도 알 때, 어쩔 수 없는 매너리즘 때문에 몇 개월씩 허송세월하는 거죠. 그런 것이 분명하게 나타날 때 아이는 상담이 필요합니다. 아이에게 있는 마음의 목표를 다시 들어주고, 읽어주며, 신체 변화에 대해 이야기하고 신뢰가 쌓이면 목표를 재정립하고 더 높은 생각을 붙잡으려고 하는 노력이 필요하니까요.

한편, 거북이처럼 천천히 나아가는 아이들에게 부모는 그 노력을 인정하고 격려해야 합니다. 모든 사람은 자기만의 속도와 방식으로 성장하기 때문입니다. 천천히 하지만 꾸준한 노력을 통해 결과를 얻을 수 있음을 보여주어 자신감을 키울 수 있으니까요. 그래서 부모인 우리가 해야 할 일은 자기 경험이나 지식을 강요하는 것이 아니라, 아이 각각의 평균 역량과 현재 상태를 파악하고 이해하는 것입니다. 토끼 성향이 있는 엄마에게 거북이 아들이 있을 수 있어요. 이럴 때면 아이도 엄마도 노력이 필요합니다. 훌륭한 부모는 아이의 필요와 상황을 잘 이해하는 분이세요. 본인의 어린 시절 경험은 제한적으로만 유효합니다.

사실 학업도 중요하지만, 집 안에서 부모와 자녀 사이의 관계가 더 중요하니까요. 아이가 꾸준한 노력을 통해 지식을 습득하고 능력을 향상시키는 과정에서, 실패와 어려움을 극복하며 끈기 있게 학업에 몰두할 수 있도록 도와줘야 합니다. 부모는 자녀가 실패하거나 실수하더라도 그것을 부끄러워하지 않고 오히려 오류를 배우는 기회로 삼을 수 있도록 격려해야 합니다.

부모의 역할은 두 관점에서 중요합니다.

첫째, 자녀에게 꾸준함과 끈기의 가치를 가르치고, 실패와 어려움을 극복하며 목표를 향해 나아가는 마음가짐을 만들어가는 것입니다.

둘째, 그 과정에서 아이가 자신을 부끄러워하지 않고 자신감을 가지고 노력할 수 있도록 부모가 안정형 애착을 제공하는 것이 중요합니다. 볼비Bowlby와 에인스워스Ainsworth의 애착 이론에 따르면 부모-자녀간 안정형 애착은 자녀의 성장과 꾸준함을 지원하는 역할을 합니다. 즉, 부모가 아이에게 안정적인 애착을 제공하면, 아이는 세상을 탐험하고 배움을 추구하는 데 필요한 안정감과 자신감을 얻습니다. 이것이 바로 부모로서 교육에서 가장 중요하게 해야 할 일입니다.

부모가 아이의 감정을 인식하고 그에 적절하게 반응하면 아이는 안전한 탐험을 시작하고 꾸준하게 배움을 추구할 수 있습니다. 부모의 민감한 관심과 지지는 아이의 안전한 발달을 지원하며, 미래에도 꾸준하게 노력하고 성장하게 하는 기반이 됩니다. 우리 아이가 토끼일지라도 빠른 성장만을 추구하지 않고 꾸준한 노력과 끈기를 가지는 모습을 강조하고, 거북이일 경우에는 느린 속도일지라도 포기하지 않고 꾸준히 나아가는 모습을 격려하고 지지해야 합니다. 부모의 역할은 자녀가 실패하거나 어려움을 겪을 때에도 끈기 있게 함께 지원하며, 안정형 애착을 제공하여 자녀의 성장을 지원하는 것이니까요.

우리가 기억해야 할 것은 "자녀교육에 드라마틱한 건 없다"라는 것입니다. 모든 아이는 개별적인 속도와 방식으로 성장하며, 그 과정에서 꾸준함과 끈기를 가지고 나아가야 합니다. 그리고 이를 가능하게 하는 것이 부모의 역할입니다.

아이에게 무엇이 최선인지
안다는 착각

> 66 인간은 뭔가 규칙을 찾고
> 규정하려는 본능이 있어요. 특히 부모는 더해요.
> 부모가 뭘 해야 한다는 강박을 버리세요.
> 세상에서 가장 강력한 동기부여 방식인
> '칭찬'과 '인정'은 꾸준히 해주세요. 99

강박증은 불합리한 두려움과 과도한 통제를 초래하는 심리 장애로 분류됩니다. 이러한 강박 증상은 일상생활에 지장을 주며, 소모적인 시간과 에너지를 요구합니다. 예를 들어, 문을 여러 번 확인하거나 손 세척을 반복하는 것, 불합리한 두려움을 기반으로 한 반복적인 사고 패턴 등이 있습니다.

부모 중에 이런 강박 증상이 있는 경우, 그들의 과도한 통제와 간섭이 자녀에게 영향을 줄 수 있습니다. 예를 들어, 자녀의 일상생활과 활동에 대해 세부적인 계획을 세우거나 과도하게 개입할 수 있습니다. 그 결과 자녀는 스스로 선택하고 결정하는 기회가 제한되어 위축될 수 있으며, 부모의 불합리한 두려움까지 물려받아 비합리적인 공포를 갖게 됩니다.

강박증을 가진 부모는 종종 자신의 공포나 걱정 사항을 자녀에게 전달하려는 경향이 있습니다. 예를 들어, 소독이나 청결에 대한 과도한 우려가 아이들에게 전달되면서 아이들 역시 비합리적인 걱정거리를 만들어냅니다. 이런 불합리한 두려움 때문에 아이들이 다른 아이들보다 감정적 부담을 더 많이 느낄 수 있습니다. 부모의 강박 행동을 해결하거나 만족시키는 과정에서 스트레스를 받습니다. 또한, 부모의 영향으로 자아개념 형성에 어려움을 겪기도 합니다. 부모의 강박 행동이나 두려움에 영향을 받은 아이는 자신의 의사 결정과 능력을 소중히 여기지 못합니다.

그래서 부모는 우선 자신의 강박 경향을 인식할 수 있어야 합니다. 강박증이 자녀에게 어떤 영향을 미칠 수 있는지 인식하고, 이를 통해 자녀와의 대인관계에 영향을 줄 수 있는 부분을 경계해야 합니다. 어떤 문제든, 문제에 대한 정확한 인식은 해결에 있어서 중요한 첫걸음입니다. 그 후에는 자녀에게 개인 공간과 자율성을 제공함으로써 그들의 선택과 의사 결정력을 존중해주어야 합니다. 강박적인 통제와 간섭을 최소화하고, 자녀의 선택과 의사 결정을 존중해주는 환경을 조성해야 하지요. 그래야 아이가 숨을 쉴 수 있고, 건강하지 않은 완벽주의 성향을 피할 수 있어요. 모든 강박증 부모 밑에서 자란 아이가 완벽주의 성향을 보이는 것은 아니지만, 그럴 확률이 높다는 연구 결과는 많으니까요.

또한, 부모 스스로 스트레스 관리 방법을 배워 심신 건강 관리에 집중하도록 합니다. 이를 통해 좋은 본이 되어 자녀에게 건강한 마음가짐과 회복탄력성resilience을 가르칠 수 있습니다.

인간은 본능적으로 규칙을 찾고, 그것을 따르려는 경향이 있습니다. 특히 부모로서 아이를 키우다 보면, 이런 경향은 더욱 강화됩니다. 자녀를 위해 최선을 다하려는 마음에서 비롯되었을지라도, 부모의 강박은 자녀에게서 스스로 생각하고 결정하는 기회를 빼앗고, 아이들이 자신만의 세상을 탐색하고 이해하는 데 방해가 됩니다.

아무리 작은 결정이라도 그것이 스스로 내린 결정이라면 우리에게 가치와 의미를 줍니다. 자유롭게 선택하고 실패하며 배우게 하면, 아이들은 더욱 건강하게 성장할 수 있습니다.

09

남에게 잘 보이려고
아이 인생을 담보로 잡지 마세요

❝ 남들에게 인정받기 위해 공부하는 게 아니에요.
그러면 아이 눈치, 주변 눈치를 보기 시작해요.
신뢰가 있어야 부모와 자녀가
오랫동안 좋은 관계로 지낼 수 있어요.
그러면 부모도 자녀도 서로 일관되게 볼 수 있어요. **❞**

어느 날, 라디오에서 흥미로운 이야기를 듣게 되었습니다. 자녀가 부모에게 전하는 기쁜 소식이 있는데 바로 "엄마, 저 100점 맞았어요!"랍니다. 그런데 두 번째 소식이 들리면 그 기쁨이 확 줄어듭니다. "엄마, 우리 반에 100점이 10명이에요!" 세 번째 소식을 듣고는 표정이 안 좋아지죠. "엄마, 교장 선생님이 우리 학년 격려해주신다고 수학 모두 100점 주었어요!" 우리는 이제 백 점으로는 성이 차지 않아요. 몇 명이 백 점인지 꼭 물어보죠. 우리 아이만 잘해야 속이 편안하다는 심리죠.

내 아이를 믿는다는 것

부모들은 종종 남들의 인정과 비교를 통한 우월감에 사로잡혀서, 자녀와의 관계가 복잡해지거나 스트레스를 받는 데까지 갑니다. 주변 사람들의 인정을 얻기 위해 공부시키는 게 바람직하지 않다는 것을 잘 알면서도 이런 생각이 떠오를 때가 많지요? 이런 상황에서 자녀와의 관계를 풍요롭게 만들기 위해 핵심 원칙을 다시 생각해보는 것이 좋겠습니다.

부모로서 자녀의 성공을 돕기 위해서는 경쟁과 비교가 아닌 신뢰와 일관성을 지향해야 합니다. 어린아이에게 자전거를 처음 태울 때 부모가 아이를 지지하며 안심시키는 것처럼, 부모의 역할은 자녀에게 안정감을 제공하며 그들이 스스로 목표를 설정하고 도전하는 데 필요한 환경을 조성하는 것입니다.

이런 환경에서 아이들은 자신의 잠재력을 최대로 발휘하며, 스스로 목표를 설정하고 도전하는 내재적인 동기부여를 발견하게 됩니다. 그래서 '자신과의 경쟁'이 중요합니다. 경쟁 상대는 어제의 자신, 과거의 부족한 모습입니다. 오늘의 나보다 내일의 내가 조금이라도 더 나아지는가가 관건입니다. 이것이 바로 신뢰에 기반한 일관성 있는 자녀교육의 핵심입니다.

자녀를 위한 최선의 방법은 신뢰와 존중을 보여주며, 자녀의 다양한 장점과 열정을 인정하고 지원하는 것입니다. 아이들

이 친구와의 경쟁에 치우치지 않고 자신의 가능성과 미래에 집
중하도록 돕는 것도 중요합니다. 이렇게 하면 아이들은 스스로
목표를 설정하고 도전하면서 내적인 동기 부여를 받아 성장할
수 있습니다. 이를 통해 아이들은 자신만의 속도와 방식으로 성
장하며, 자신의 잠재력을 실현할 수 있습니다.

부모는 아이들이 외부로부터 인정받기 위해서가 아닌, 자신
의 성장과 발전을 추구하도록 도와주는 역할을 해야 합니다.

내재적 동기는 자신의 가치와 흥미에 기반한 동기입니다.
부모가 자녀에게 신뢰를 보여주고, 능력을 인정하며 존중해주
는 환경을 제공하면, 자녀는 이러한 내재적 동기에서 큰 힘을 얻
습니다. 안정된 정서 환경은 아이들이 자신에 대한 확신을 갖게
하고, 이는 다시 성장과 발전을 위한 내재적 동기부여가 됩니다.

우리는 부모로서 자녀에게 안정감을 주는 환경을 제공하고,
잠재력과 능력을 최대한 발휘하도록 격려합니다. 이를 위해 지
향해야 할 것은 경쟁과 비교가 아니라, 신뢰와 존중에 기반한 관
계 형성입니다.

그래서 부모는 사회적 인정을 받는 것보다 자녀와의 신뢰
관계에 더 많이 집중해야 합니다. 신뢰는 결국 자녀가 스스로 성

내 아이를 믿는다는 것

장하고 발전하는 토대이기 때문입니다. 이러한 방식으로 접근한다면, 부모와 자녀 모두 일관성 있는 성장 과정에서 풍요롭고 의미있는 결과를 얻을 수 있습니다.

부모가 먼저
자기를 알아야 합니다

❝ 자녀교육에 감성적이고 좋기만 한 말은 없어요.
내 아이가 더욱 냉철하고 객관적으로 세상을 바라보도록
안목을 키워줘야 해요. **❞**

상담실에서 자주 만나는 부모들이 있습니다. 그들은 자녀와의
관계에 대한 조언을 구하며, 다양한 치료 요소와 교육 요소에
대해 이해하려고 애씁니다. 상담받는 동안에는 효과가 있는 것
같다가도, 끝나면 원래 모습으로 돌아가곤 했습니다. 그러고는
"상담해도 별 효과가 없네요"라고 말합니다.

문제의 본질은 무엇일까요? 왜 우리는 문제를 일으키는 패
턴으로 계속 되돌아가는 걸까요? 오래된 습관 때문일까요, 아니
면 부모로서 자식을 객관적으로 보는 것이 어렵기 때문일까요?
많은 사람이 "냉정하게 아이를 봐야 한다"라는 말을 이해하지

내 아이를 믿는다는 것

못합니다. 부모로서 아이를 사랑하는 마음과 객관성을 가진 시각 사이에서 고민하게 되죠.

냉철함은 단순히 감정을 배제하고 판단한다는 것이 아닙니다. 그것은 아이의 세계를 이해하려는 진심 어린 노력과, 그 안에서 사랑과 신뢰를 바탕으로 아이에게 올바른 지침을 주는 것입니다. 그러나 많은 경우 부모 상담에서 제공되는 조언들은 단편적인 인식만 증진하거나 근본적인 문제 해결에 관한 통찰력을 제공하지 못합니다.

아들이 어릴 때 일이었어요. 어느 날, 둘째 아들이 친구들이랑 집에서 놀다가 제가 아끼는 꽃병을 깼습니다. 그 꽃병은 제게 매우 의미 있는 병이었어요. 어머니가 제게 준 선물이었거든요. 꽃병을 깨고 아들은 울기 시작했어요. 너무 요란하게 깨져서 방이 많이 어질러졌고, '팍!' 소리를 내며 유리가 사방으로 퍼져서 잘게 흩어졌습니다. 아들은 놀라 울기 시작했습니다. 저는 울음소리를 듣고 달려왔습니다.

"뭐야, 명빈아, 왜 울어, 안 다쳤어?" 제가 물었죠.

"아니, 그런데 꽃병이 깨졌어. 엄마! 어떡해…." 명빈이는 말하며 눈물을 흘렸습니다.

저는 아무래도 화가 나기도 했지만, 바로 냉철하게 상황을 판단했습니다. 일단 아들이 다치지 않도록, 발을 디딜 수 있게 수건을 가져왔습니다. 그 자리에서 먼저 소리부터 지르거나 혼낼 수도 있었습니다. 하지만 그 대신, 아들에게 냉정하게 조언했습니다. "명빈아, 너도 놀랐지? 엄마도 많이 놀랐어. 이렇게 깨질 수 있는 물건이 있을 때는 조심해야 해. 알았지?"

이것이 냉철한 조언입니다. 하지만 여기에는 사랑과 신뢰, 그리고 아이를 이해하려는 마음이 담겨 있습니다. 부모로서 우리가 가져야 할 것은 잠시의 위로에서 오는 감성적인 조언보다 아이의 성장을 위한 지속적인 관심과 노력입니다. 부모가 냉철함을 가져야 한다는 것은 감정 없음을 의미하는 것이 아닙니다. 오히려 그것은 아름다운 사랑과 신뢰 속에서 나오는 디테일에 대한 주목입니다. 예컨대 유치원에서 벌어진 작은 다툼, 처음으로 해결해본 숙제, 혹시나 실패할 수 있는 첫 시도 등… 모든 순간 속에서 아직 발견되지 않았던 아이의 세계를 이해하려는 노력입니다. 진정한 부모는 아이가 겪는 모든 경험과 변화를 냉철하게 받아들일 줄 알며, 그 과정에서 아직 보지 못한 아이의 세계를 발견합니다.

그러므로 부모로서 우리에게 필요한 것은 자신의 생각과 감정에 대한 깊은 통찰입니다. 우리의 믿음, 가치, 감정 및 행동에 대해 먼저 깊이 이해한다는 의미입니다. 부모로서 자기 자신을 이해하고 건강한 자아개념을 형성하는 것입니다. 자녀에게 하는 교육은 어떠한 교육이며, 그것이 과연 어떠한 결과를 가져올 것이며, 자녀와 가정 그리고 더 나아가 사회적으로 어떤 의미가 있는지를 인식하는 것이지요. 부모로서 우리가 어떤 가치관을 가지고, 어떤 기대로 아이를 바라보는지를 깨닫는 것은, 자녀를 냉철하고 객관적으로 이해하는 첫걸음이 됩니다.

부모로서 자신을 돌아보고 이해하는 것, 즉 자기 통찰은 매우 중요합니다. 프로이드는 이를 '자아 인식'으로, 로저스는 '자기 경험에 대한 새로운 의미 찾기'라고 설명했습니다.

우리는 아이의 세계를 감성적으로만 바라보지 않고, 그 안에 숨겨진 진리와 현실을 이해하며, 그를 사랑하는 마음으로 올바른 지침을 제공해야 합니다. 이것이 바로 아이를 진정으로 이해하고 사랑하는 부모의 모습이니까요.

평범함의 힘:
아이의 잠재력을 깨우는 부모의 역할

> 66 공부도 잘하는 것도 딱히 없는 평범한 우리 아이,
> 그 평범함 속에서 자신만의
> 특별한 무기를 만들어가는 중이에요.
> 부모의 조급함이 내 자녀의 평범함 속에 있는
> 비범함을 못 보는 거예요. 99

'영재'라는 말을 들으면 우리는 흔히 문제를 빠르게 해결하거나 특정 분야에서 뛰어난 재능을 지닌 아이를 떠올립니다. 그러나 실제로는 자신만의 특별한 능력이나 재능 또는 세상을 바라보는 독특한 시각을 가진 아이가 영재입니다. 이런 관점에서 보면, '평범하다'고 여겨지는 우리 아이들도 각자의 방식으로 영재라고 볼 수 있습니다.

인류 80억 명은 각각 고유의 능력과 잠재력을 지니고 있습니다. 이들의 개성과 재능 속에는 무한한 가능성이 숨어 있습니

내 아이를 믿는다는 것

다. 그중에서도 아이들은 가능성을 최대로 발휘할 수 있는 시기입니다. 이런 가능성을 찾아내고 발전시키는 일은 쉽지 않습니다. 마치 보석을 찾아내기 위해 깊고 넓은 바닷속이나 광산을 탐사하는 것과 같습니다.

부모로서, 우리가 할 수 있는 일 중 하나는 자녀의 작은 행동, 말 한마디, 표정 등에서 그들만의 '특별함'을 찾아내는 것이지요. 빌 에반스라는 재즈 피아니스트를 아시나요? 그는 연주의 여백과 독창성으로 관객을 매료시키는 전설적인 재즈 피아니스트로, 그의 음악은 독창적이며 내면의 깊은 감정을 담고 있습니다. 그는 내면의 목소리에 귀를 기울이며 자신만의 음악적 세계를 구축했습니다. 에반스는 대중적이거나 상업적으로 성공하기 위해 흐름에 편승하지 않았습니다. 대신 자기 속에서 울려오는 소리, 그리고 그것이 표현하고자 하는 감정과 메시지에 충실하게 음악을 만들었습니다. 그의 음악은 단순한 재즈 연주가 아니라, 그만의 독특한 세계였죠.

'진정성'과 '내면의 목소리'에 집중하는 것! 이것은 교육에서도 중요한 목표입니다. 빌 에반스는 자신이 추구하는 음악적 경로가 어려운 길이지만, 그 길을 따라가는 것이 자신의 진정한 삶의 목적임을 깨달았습니다. 에반스는 자신의 음악적 창작 활동을 통해 인생의 많은 어려움을 극복했어요. 음악을 통해 자신의 슬픔, 상실감 그리고 내면의 갈등을 아름답게 표현했습니다. 이런 창작 활동은 큰 치유의 기능을 했으며, 상처와 트라우마를 극복하는 데 중요한 역할을 했습니다. 이러한 자아 인식이 많은 삶의 어려움을 극복하고 더 높은 음악의 세계로 이끄는 원동력이 되었습니다.

아이의 작은 행동 하나, 말 한마디, 표정에서 그 특별한 무기를 발견하고 이를 함께 끌어내는 과정에서 부모가 맡은 역할은 매우 중요합니다. 아이가 무엇에 관심을 갖는지, 어떤 것을 좋아하는지, 어떤 활동에서 기쁨을 느끼는지를 관찰하는 태도가 중요합니다. 또 그러한 관심 위에 아이와 깊은 대화를 할 수 있으면 더 좋겠지요? 아이의 생각과 감정을 들어보고, 진지하게 듣는 것만으로도 아이의 자아가 성장하는 데 도움을 줄 수 있으니까요.

모든 아이는 자기만의 속도로 성장합니다. 때로는 빠르게, 때로는 천천히 아이의 속도와 페이스를 존중하며 인내심을 갖고 함께 걸어갈 수 있어야 합니다. 아이의 노력과 성과에 대해 평가하고 격려하는 말은 아이에게 자신감을 심어주고 최선을 다하게 하는 원동력이 됩니다.

아이들 모두는 그 안에 잠재된 각각의 영역에서 영재입니다. 부모로서의 우리의 역할은 그 잠재력을 발견하고 함께 빛나게 하는 것이죠. 공부도 특기도 딱히 없어 보이는 평범한 아이라 해도 그 안에는 분명 특별함이 있습니다. 부모로서 우리는 평범함 속에서도 영재성을 발견하고 최선을 다하는 모습을 더욱 격려하면 좋겠습니다.

부모의 권위는 어디에서 오는가?

> ❝ 자녀교육에서 권위적인 태도는 통하지 않아요.
> '권위'가 있는 자녀교육을 해보세요.
> 첫 시작은 부모가 먼저
> 사회적 가면을 벗는 것부터입니다. ❞

자녀교육에서 권위적인 태도는 항상 옳지 않습니다. 권위적인 부모의 태도는 자녀와의 관계를 손상하며, 자녀들의 성장과 발달에도 부정적인 영향을 미칠 수 있기 때문이죠.

권위authority는 라틴어 '아욱토리타스'auctoritas에서 유래했어요. '아욱토리타스'는 '아욱토르'auctor에서 나왔는데, '아욱토르'는 '창조자', '저자', '창시자'를 의미합니다. 로마 시대에 이 단어는 권력을 행사하는 사람들의 지위와 능력을 가리키는 데 사용되었는데요. 이러한 의미를 바탕으로 볼 때, 우리가 지향해야 할 것은 부모로서 '창조적인 권위'입니다. 이것이 바로 권위 있는 자녀교육의 핵심입니다.

권위 있는 자녀교육은 부모와 아이 사이에 존중과 소통을 강조합니다. 이것은 아이들이 스스로가 가치 있는 존재라고 느끼고, 의견과 생각을 자유롭게 표현할 수 있도록 돕는 것입니다. 아이와 함께 소통하는 부모는 권위 있는 자녀교육을 실행하고 있다고 할 수 있어요. 부모와 자녀 간에 열린 소통 채널을 유지하고, 자녀들이 자신의 감정과 어려움을 표현할 수 있는 안전한 환경을 제공하기 때문이에요.

또한, 권위 있는 자녀교육은 모범을 보여주며 시작됩니다. 부모가 올바른 행동과 태도를 보여주면서 긍정적인 모델이 되어야 합니다. 부모라는 본은 아이들에게 큰 영감을 주고 그들의 성장에 결정적인 영향을 미칩니다.

그 외에도 열린 소통, 격려와 인정, 안전하고 배려하는 환경 등 다양한 요소들이 권위 있는 자녀교육을 형성합니다. 부모가 자녀의 감정과 상황을 이해하고 배려하면 자녀들과의 관계에서 신뢰와 안정감을 높일 수 있습니다.

19세기 말에서 20세기 초의 유명한 철강업자이자 자선가였던 앤드류 카네기Andrew Carnegie는 철강산업으로 부를 축적하면서 사회적으로 큰 권위를 얻게 되었습니다. 한 기자가 그의 비밀을 파헤칠 위협에 직면했을 때 카네기는 "권위를 세우는 일은 너무나 오래 걸리지만, 무너지는 것은 단 하루면 충분하다"라는 말을 남겼다고 합니다.

이 이야기는 권위 있는 자녀교육의 중요성을 잘 보여줍니다. 즉, 부모로서 권위를 얻고 유지하는 것은 쉽지 않지만, 아이들에게 필요한 모범을 보여주고 안정적인 환경을 제공하는 데이는 참 중요합니다. 이런 교육 방식은 아이들이 자신과 다른 사람들을 존중하며 성숙한 어른으로 성장하는 데 도움을 줍니다. 그리하여 권위 있는 자녀교육은 부모의 창조적인 권위를 발휘하며 아이들의 성장과 발전을 위해 소통과 존중 그리고 모범을 보여주는 방식으로 이루어져야 합니다.

3부

공부 머리보다
더 중요합니다

할 수 있다고 다 하는 것은
어리석은 일입니다

❝ 나에게는 '금쪽'이지만 다른 사람에게는 '반쪽'이에요.
냉정하게 훈육하세요. 마음 아픈 건 한순간입니다.
사람들과 함께 어울리는 방법, 그리고 사회적 맥락에서
허용되는 정서적 행동을 어릴 때부터 알려주세요. ❞

세상은 점점 더 넓어지고, 그 속에서 우리 아이들의 능력은 놀라울 정도로 확장되고 있습니다. 대한민국은 정말 문화강국이 되었습니다. 세상에요! 빌보드에 한국말 노래로 1등이라니요. 얼마 전 아들 둘이 하는 대화를 엿들은 적이 있습니다. 왜 아이유가 소니 같은 회사의 광고를 찍는지 이해할 수 없다고 하더군요. 그 말을 듣고 정말 놀랐습니다. 아이와AIWA, 소니SONY 하면 껌뻑 죽던 청소년 시절을 보낸 저에게는 정말 아이들의 큰 마음이 저를 감격하게 하더군요.

이렇게 크게 변화하는 세상 속에서 아이들을 어떻게 키울 것인가는 정말 중요한 문제입니다. 임마누엘 칸트는 국제법과 세계시민권에 대한 철학적 토대를 제공했고, 그의 저서 『영구평화론』에서는 세계적인 관점에서 평화와 이해를 탐색했습니다. 그는 모든 인간이 동일한 존엄성과 가치를 가지며, 이를 통해 상호 존중과 이해의 정신을 가질 것을 주장했습니다. 이렇게 칸트는 국경을 넘어서는 공동체, 즉 '세계시민권' 개념을 제시한 것으로 유명하죠.

우리 아이들 역시 이제는 당당히 '세계시민'으로서 각자의 위치에서 주변 사람들에게 좋은 영향을 줄 수 있는 역량을 갖추고 있습니다. 하지만 이것만으로 충분하지 않습니다. 자기중심적인 생각과 행동보다는 타인에 대한 배려와 공감 능력이 필요합니다.

옛날 저의 경험 중 하나를 떠올려봅니다. 어릴 때 학교 놀이터에서 기다려 그네를 탔던 기억, 그리고 기다림에 지친 나머지 친구에게 이렇게 외쳤던 기억이 있습니다. "야! 이제 그만해! 너는 네 마음만 있냐? 나에겐 내 마음이 있다고!"

아이들에게 교육하는 방식도 달라져야 합니다. 단순히 정보를 암기하는 교육 방식에서 벗어나, 아이들이 스스로 생각하고 판단하는 능력을 기르는 것이 중요합니다. 실패를 통해 배움의

내 아이를 믿는다는 것

가치를 깨닫게 하고, 때때로 기회를 포기하면서 선택의 중요성을 가르쳐주어야 합니다. 아이를 큰 사람, 즉 '세계시민'으로 키우려면 때로는 냉정한 훈육이 필요합니다. 즉, 타인에 대한 배려와 공감을 가진, 자기 행동에 대해 책임지는 사람으로 키워야 합니다. 급변하는 현재 사회에서 때로는 자식들을 '반쪽이'처럼 대해야 합니다. 즉, 다른 사람의 입장과 생각도 고려할 줄 알아야한다는 말입니다.

로마 황제 마르쿠스 아우렐리우스는 삶과 죽음이 왔다 갔다하는 전장에서도 철인哲人으로 살아갔습니다. 하루에 수십 개의 회의에 참석하고 제국을 다스려야 했지만, 종일 금식하며 자신을 반추하는 철학자의 삶을 살았죠.

모든 것을 할 수 있다고 다 하는 것은 어리석은 일입니다. 선택과 집중을 할 줄 안다면, 아이들은 더욱 성장할 수 있을 거예요. 이는 모든 것을 해보는 것보다 중요합니다. 공부만 할 줄 안다면 뭐든 해도 좋다는 '금쪽이'보다는 때로는 '반쪽이' 대접을 받지만 거인 같은 사람이 되도록 해야 하지 않을까요?

02

작지만 확실한
실천 습관 만들기

> **❝** 자녀교육 어떻게 하라고 열심히 알려줘도
> 할 사람만 하고 나머지는 흘려들어요.
> 한 가지라도 꼭 실천해보세요.
> 부모는 변하지 않으면서 자녀가 바뀌길 바라는 것은
> 완전한 모순입니다. **❞**

엄마들이 무슨 큰 문제라고 와서 이야기하는 내용을 들어보면 만감이 교차합니다. 자녀에게 큰 문제가 있어서 전체를 뜯어고쳐야 할 것처럼 말할 때가 있지요. 엄마는 '어떻게 하면 좋을까요?' 묻습니다. 이에 대해 저는 말합니다. 대부분의 경우 아이들에게는 아무 문제가 없다고 말이죠. 그냥 지나가는 과정인 거죠. 이 시기가 지나면 또 달라질 거예요. 하지만 그 순간엔 너무 심각해 보이는 게 사실입니다.

사람은 모든 것을 한꺼번에 바꿀 수 없습니다. 무엇이든 한

번에 한 가지만 바꿀 수 있을 뿐입니다. 총체적 난국이어서, 그분의 말이 다 맞아서 정말 고쳐야 할 부분이 엄청 많다고 하더라도 이 원칙은 그대로입니다.

더욱이 아이를 교육할 때는 더 그렇습니다. 하나씩 하나씩 좋아지는 것을 확인하고 아이와 함께 성공 경험을 많이 한 가정이 더 좋은 환경으로 발전합니다.

실제로, 많은 엄마들이 자녀교육을 위해 백화점, 학원, 구청 등에서 열리는 강연을 빠짐없이 참석합니다. 아는 것이 많아지면, 집에서 우리 아이에게 잘 할 수 있으리라고 기대하며 가지만, 정작 함께 사는 아이는 준비되지 않았을 경우가 태반이죠.

과도한 지식은 때때로 우리를 과부하 상태로 만듭니다. 처음에는 작게 시작해야 해요. 예를 들어볼까요? 공부 시작한다고 영어 · 수학 학원을 한꺼번에 신청하는 엄마들이 있어요. 저는 말리지요. 학원 하나 다니는 것도 적응이 안 되었는데, 동시에 몇 개라뇨. 어른도 힘듭니다.

'학교 다녀와서 학원 하나 가는 거, 남들은 다 하는데 왜 힘드냐'라고 하는 엄마들이 있어요. '남들 다하는 살림인데, 어머니는 왜 힘드세요?', '남들 다 다니는 직장인데 왜 힘든가요' 따지고 싶지만 참습니다. 잘 적응하는지, 새 환경에서 문제는 없는지 먼저 살피셔야죠. 그리고 적응이 되고 체력이 남아서 조금 더 공부할 수 있는지 확인해보셔야죠.

또 중요한 사항으로는 밤에 아이들이 잘 자는지 확인해야 해요. 몇 년 전부터 조는 아이들이 부쩍 늘었다는 것이 체감되더라고요. 그래서 아이들을 하나하나 상담하면서 알아보니, 스마트폰 때문에 잠자는 시간이 많이 줄었다는 것을 알게 되었어요. 그 후부터 저는 항상 9시 이후에는 핸드폰을 뺏으라고 엄마들에게 조언해요. 아이들이 잠을 깊이 못 자면 학습에 주는 지장이 막대하니까요.

그런데 그렇게 어렵지 않을 듯한 스마트폰 관리조차도 못하는 집이 정말 많습니다. 이유는 간단했어요. 엄마들이 스마트폰 중독이거든요. 노상 SNS를 확인하고 서핑하고 유튜브를 보는 엄마가 많은 거죠. 엄마가 그렇다면 답이 없습니다. 대개 부모님이 스마트폰 중독일 경우, 자녀도 같은 패턴을 보일 확률이 높습니다. 따라서 부모님부터 바뀌어야 아이도 바뀔 수 있습니다. 밤에 제때 자기만 해도 아이들 학습 능력이 크게 좋아진다는 연구 결과가 그렇게 많다고 해도, 그저 먼 나라 이야기로만 생각합니다.

결국, 자녀교육에서 중요한 것은 크게 변화하려는 욕심보다 작지만 확실히 실천할 수 있는 몇 가지 원칙에서 시작하는 것입니다. 그리고 그것으로 인해 좋은 변화가 생기면 그다음 단계를 계획하는 것이 좋습니다. 이런 방식으로 점진적으로 아이의 교육 환경을 개선해 나갈 수 있습니다. 아이들의 교육 문제를 한꺼번에 해결하려는 시도는 오히려 역효과를 낼 수 있습니다. 한 가지라도 꼭 실천해 보세요.

03

협상 없이
밀어붙여야 하는 원칙

“ 자녀가 해야 하는 일 중에는
협상 대상이 아닌 게 있어요.
반드시 수행하도록 해야 해요.
부모와 자녀는 동급이 아니에요. **”**

아이들과 친구처럼 지내는 것이 좋다고 생각하는 부모들도 있습니다. 그러나 아이들이 우리의 친구가 될 수는 없습니다. 그들은 아직 너무 어리니까요. 그리고 아는 게 적고요. 또 아직 너무 약하지요. 친구란 그런 상대는 아니잖아요?

가끔, 정말 가끔 아이와 우리의 생각이 비슷할 때가 있어요. 그 정도는 친구가 아니죠. 제가 결혼하고 아이를 낳아보니까, 친정엄마가 이해되기 시작하더라고요. 다들 그런 경험 있으실 거예요. 그전에는 죽었다 깨어나도 모르는 일들이 많지요?

친구 운운하는 엄마들을 가만히 보니, 아이들 의견을 존중해준다고 그러는 거예요. 맞아요. 아이들의 의견은 존중해야 해요. 그러나 양육 과정에서 분명히 가르쳐야 할 내용이 있어요. 남에게 피해 주는 행동은 절대 하지 못하게 해야 하고요, 집 안에서 함께 생활할 때 공동으로 지켜야 할 부분을 숙지하도록 해야 해요. 이부자리며, 식사 때 숟가락 놓는 거며, 먹고 치울 때며, 부모 자식이어서가 아니라 함께 생활하면서 생기는 많은 일에 대해 부모만 가르칠 수 있는 예절들이 있어요.

밥 먹을 때, 신발을 벗을 때, 샤워를 마친 후 등, 우리 생활에는 일일이 언급하기 어려울 만큼 많은 생활 수칙이 있어요. 아이들이 어리다고 그냥 넘어가면 안 돼요. 아이들이 말을 하고 걷기 시작하면서 자신이 원하는 것을 손짓하고 웃음으로 표현하기 시작하므로 그때부터 사회생활이 시작된다고 인식해야 합니다.

부모로서 우리의 역할 중 하나는 자녀에게 좋은 습관을 심어주는 것입니다. 자식이 친구라는 엄마들을 가만히 보면 그렇게 가르치는 것이 귀찮아서 그걸 아이에게 '민주적'으로 맡기고 책임 회피를 하려는 게 아닌가 하는 생각이 들기도 해요. 이 역할을 회피하거나 미뤄선 안 됩니다. 공부하는 습관, 일찍 일어나는 습관, 질서 있는 생활 습관 등 중요한 습관들을 어떻게 안 가르칠 수 있겠습니까?

친구 관계에서는 어느 정도의 동등성과 협상이 가능하지만, 부모와 자식 사이에서는 항상 동등성을 유지할 수는 없습니다. 그런 건 협상의 문제가 아닙니다. 저절로 되는 것도 아니고요. 그래서 부모인 우리가 항상 체크하고 잘하고 있는지 점검해야 합니다. 좋은 습관은 그만큼 아이들이 살아가는 데 큰 도움으로 작용하게 될 테니까요. 특히 양육 과정에서 부모가 반드시 가르쳐야 할 내용, 예를 들면 타인에게 피해를 주지 않는 행동, 공동생활에서 필요한 예절 등은 협상의 여지 없이 아이에게 교육해야 합니다.

집안에서 중요하다고 여기는 원칙과 규칙을 함께 상의하고, 이를 지키는 데 서로 돕는 것이 중요합니다. 그래야 아이들은 어디서든 좋은 습관을 가진 성인으로 성장할 수 있습니다. 반드시 해야 할 일들에 대해서는 아이들과 협상하지 말고, 반드시 가르치고 훈육하는 부모의 역할을 다합시다.

04

동기부여는 충분해요,
하나라도 실천이 필요해요

> **❝** SKY가 얼마나 좋은지는 아이들도 다 알아요.
> 동기부여는 그만하면 됐고,
> SKY에 갈 수 있는 구체적인 방법을 알려주세요.
> 그게 바로 부모 역할이에요.
> 사람은 노력한 만큼 결과가 나와야 신나잖아요. **❞**

저도 "우리 아이 이렇게 공부해서 SKY 보냈어요"라고 말하는 책을 보긴 해요. 다른 부모는 어떤 마음으로 사나 궁금해서 봅니다. 그런 책을 보면 부모들은 동기부여를 받게 됩니다. 우리 아이에게 적용할 때는 전략을 달리해야겠지요? 우리 아이는 그 책에 나오는 그 아이가 아니니까요. 다시 한번 말하지만, 그 책은 부모의 동기부여를 위한 책이에요. 어떤 마음으로 부모가 아이들을 대했나에 관한 것이죠. 책의 주인공인 아이에게서 이야기를 들어보지 않았으니, 우리는 절반의 진실만 알고 있는 것이나 다름없지요.

그런데 그런 책을 보고 자녀들을 무장시킬 도구로 여기면 아이들이 너무 힘들어져요. 환경과 타고난 것이 다른 우리 아이는 아마 엄마가 책을 안 읽기를 바랄 거예요.

우리 아이에게 필요한 것은 다른 아이는 얼마나 열심히 하는지 보고 각성하는 게 아니에요. 지금 이 상태에서 조금 더 나은 단계로 올리기 위해 나에게 적합한 방식을 찾을 수 있느냐가 필요해요. 간단히 말해서, SKY를 향한 동기부여가 아니라, 실질적인 실행 계획이 더 중요한 거예요.

첫째로, 기본적인 생활습관을 점검해보세요. 밤에 잠을 제대로 자고 있는지, 핸드폰 보느라 제대로 못 자는 건 아닌지 확인해보세요. 방학 때도 오전 10시까지는 일어날 수 있도록 규칙을 세우세요.

둘째로, 학습 전략을 세우세요. 예를 들어, 각 과목별 학습 목표를 읽어보고 어떻게 공부해야 저런 목표를 달성할 수 있을지 5분 정도라도 예상해보는 습관은 무척 도움이 됩니다. 시험 대비 계획도 함께 고민하고, 효율적인 노트 작성 방법 등에 대해서도 생각해보세요. 또 과목별로 조금씩 다른 공부 방법에 대해 적어보고, 다음에는 어떻게 해보겠다고 생각해보는 것도 중요하겠죠?

시험 기간에 아이들에게 계획을 세워보라고 하면, 잘 못 세워요. 열심히 공부를 해본 경험이 없어서예요, 내가 어디까지, 얼마나 할 수 있는지를 알아야 하는데, 공부를 안 한 상태에선 계획조차 세우기 어렵죠. 그래서 저는 1학기 중간고사를 볼 때 가르치는 제자들에게 항상 '올백'을 맞아보자고 제안해요. 처음 시험이라 아이들이 말을 잘 듣거든요. 올백을 맞으려면 5주 전에는 시작해야 하고 전략적으로 수업 전에 예습이 필요하다고 알려줘요. 예습과 복습에 대한 에빙하우스의 망각곡선도 들먹이면서 아이들에게 하루 이내에 복습하기를 재촉하기도 합니다.

그중 가끔은 자신이 해야 할 일을 찾아내는 아이가 있기는 하더라고요. 공부 시작할 때다, 어떻게 교과서를 읽어야 할 때다, 가르쳐주면 그 소리를 듣고 해보는 아이들이 생겨요. 교과서가 사실 읽기 어려운 책이거든요. 그래도 기특하게 해보는 아이들이 있습니다. 그 아이들이 올백을 못 맞더라도, 자기 경험을 소중한 데이터로 쌓는 거예요. 그게 성장이죠.

셋째로, 시간 관리 능력에 집중하세요. 중요한 시험이나 프로젝트를 앞두고는 목표 설정과 계획 세우기가 중요합니다. 이런 스킬은 처음엔 어렵더라도 연습과 반복으로 익숙해지면 인생의 강력한 무기가 됩니다. 고등학교 다니면서 (학원에서 보내는 시간 말고) '혼자' 순수하게 공부하는 시간이 하루에 4시간이 되면 SKY를 갈 수 있는 좋은 습관을 가졌다고 할 수 있어요.

마지막으로, 자기 인식 능력을 키우세요. 아이들은 외부 세계에 대한 정보를 잘 기억하지만, 자신에 대해서는 그렇게 하지 못합니다. 아직 미숙하기 때문입니다. 이런 현상은 자신에 대한 인식 부족 때문입니다.

모든 사람이 같은 방식으로 공부하는 것이 아니며 각자에게 맞는 최선의 방법이 있습니다. 그것을 찾아내려면 실패와 성공 모두 어느 정도 경험해봐야 합니다.

아이들은 개그맨들의 캐릭터는 훤히 알아요. 유재석은 착하다, 하하는 반칙을 한다… 등등. 연예인 생일, 그 엄마 아빠까지 기억하면서 자기는 모르는 거예요. 인식하지 않아서 그렇죠. 일단 가장 먼저 할 일은 자신이 얼마나 할 수 있는지, 공부하는 방법에 대해 인식해야 한다는 것을 아는 게 중요해요. 자신의 공부 방법을 찾도록 하는 것이 아이들에게 효과적이고 의미 있어요.

또한 부모가 도와줄 수 있는 한계는 어디까지이고, 본인이 어디까지 최선을 다해서 할 수 있는지 함께 생각하고 실행해보는 것이 중요하죠.

05

뇌에 보상 시스템을
새로 달아주세요

> ❝인정욕구가 강한 학창 시절에 아이는
> 열 개의 가면을 갖고 살아요.
> 그래서 늘 힘들고 긴장하는 거예요. 부모님, 선생님,
> 또래의 영향을 가장 많이 받는 시기인 만큼
> "오늘도 잘했다", "네가 최고"라는 말을 자주 해주세요.❞

저는 아이들 수학을 가르치는 일을 20년 넘게 해왔습니다. 그런데 아이들이 요즘처럼 졸음이 많은 경우는 처음 겪어봅니다. 정말 많이 졸아요. 처음에는 별로 심각하게 생각하지 않았습니다. 나가서 물 좀 마시고 와라, 가서 세수 좀 하고 와라, 그렇게 지나가는 정도였어요. 그런데 아이들하고 이야기를 나누다 보니, 밤에 잠을 자지 않는 것을 알았습니다.

알아보면 요즘에는 아이들도 각자 자기 방이 따로 있고 부모와 따로 자는 가정이 대부분입니다. 아이들이 이불 안에서 웹

툰이며 인스타, 유튜브 등 정말 다양하게 볼거리가 많아 잠을 잘 시간이 없는 겁니다. 자기 삶에 대한 기대와 준비 없이, 잘나가는 누군가의 이야기, 연예인 이야기를 소비하면서 과몰입되어 있어요. 이러한 현상에 대해 독일의 정신과 의사 요아힘 바우어 Joachim Bauer는 "인간에게 가장 강력한 마약은 타인이다"라는 말로 표현했습니다.

우리 아이들은 이런 환경에 살고 있어요. 몇 번의 클릭으로 유치원부터 초중고 친구들이 요즘 뭐 하는지 다 알아볼 수 있고, 유명 인기 작가들의 웹툰을 무료로 볼 수 있는 세상이에요. 예전에 드라마 보느라고 시간 맞춰서 전 국민이 앉아서 방영 시간을 기다리던 때와는 완전히 다른 거죠. 많은 플랫폼이 우리를 중독시키고 몰입시키기 위해 막대한 자본을 투입하고 있어요. 가만히 이불을 덮고 잠을 청하며, 내일을 상상해 할 일을 정리하는 시간은 점점 사라지고, 허겁지겁 또는 스르르 매체에 중독된 채 나도 모르게 잠을 자는 모습만 남았어요.

스마트폰과 SNS 사용은 마약과 비슷하게 보상 시스템과 연관되어 있습니다. 게임에서 승리하거나 새로운 정보를 얻거나 인기 있는 포스트를 공유하는 등, 모든 활동은 사용자에게 도파민 방출을 유발하여 즐거움과 작은 보상을 줍니다. 마약중독이 뇌의 보상회로를 변경해 물리적·정신적으로 중독 상태가 될 수 있게 하는데, 스마트폰도 이와 비슷한 원리로 영향을 주죠.

청소년기에 아이들의 뇌는 변연계가 리모델링 되는 시기입니다. 그렇기 때문에 어른들이 생각할 정도로 주의력을 유지하지 못해요. 초등학교 시절보다 추상적 사고와 논리적 사고는 발달하지만, 가끔 합리적인 사고를 하지 못하는 것은 이런 이유예요. 그렇기에 자기 통제에 큰 어려움을 겪습니다. 이 부분은 부모가 도와줘야 합니다. 인터넷 사용 시간은 반드시 줄이도록 규칙을 정하세요. 의식 있는 많은 부모가 이미 집에서 그렇게 하고 있습니다. 아이들에게 코딩 배우기를 권하는 빌 게이츠도 본인의 자녀들이 10대일 때는 스마트폰 사용을 금지했다는 것을 알아야 해요. 코딩 사고력과 프로그램 이해는 스마트폰 사용과는 상관없으니까요.

아이들이 친구들 간의 인정보다는 자신을 알아가는 것에 더 큰 의미가 있음을 삶으로 가르쳐야 해요. 청소년기 아이들의 주요 과제 중 하나는 자신만의 정체성을 찾아가는 것입니다. SNS에서 다양한 '가면'으로 자신을 표현하는 것보다는 진정성 있는 모습으로 남겨진 디지털 발자취가 결국 오래도록 기억되겠지요. 미국의 사상가이자 작가인 랄프 왈도 에머슨의 말처럼, "세상은 당신을 항상 다른 누군가가 되도록 부단히 종용하지만, 그런 가운데서도 진정한 나다움을 지키는 것, 그것이야말로 가장 위대한 성취입니다."

아무리 디지털 시대라 해도, 우리의 삶과 정체성은 실제 세계에서 형성되며 발전합니다. 그러므로 아이들에게 순간의 쾌락보다는 오래가는 진정성을 가르치고, 자신만의 이야기와 기대를 갖도록 독려해야 합니다. 이것이 지금 우리에게 필요한 스마트한 접근입니다.

'공부 머리'보다 더 중요한 것

> 66 공부는 재능일까요 노력일까요?
> 사실은 재능에 더 가까워요.
> 하지만 이것을 극복하려는 노력도
> 나중에 재능이 된다는 거 아세요?
> '꾸준함'은 재능을 가진 천재도 이깁니다! 99

재능과 노력, 이 둘 중 어느 것이 공부에 더 큰 영향을 미칠까요? 초기 연구에서는 재능이 우세하다는 견해가 지배적이었습니다. 그 결과 "머리가 좋아야 공부를 잘한다"라는 통념이 생겼죠. 하지만 최근 연구들은 재능과 노력, 이 두 요소가 함께 작용하여 성공을 이룬다는 흥미로운 결론을 내립니다. 그 중심에 있는 것이 '그릿'입니다.

'그릿'의 연구자 앤절라 더크워스는 웨스트포인트 군사학교에서 진행되는 매우 힘든 군사 훈련에 참여한 학생들을 연구했습니다. 그중 하나가 '싸이클 사우스'라는 훈련이었는데, 이 훈련은 61일간 지속되며 극도의 신체적, 정신적 압박과 엄격한 테스트를 포함합니다. 이 훈련을 마친 학생들은 그릿과 끈기의 영향을 뚜렷하게 보여주었습니다.

더크워스가 연구한 바를 보면, 공부와 성취 사이에는 그릿, 즉 꾸준한 열정과 끈기가 가장 큰 영향력을 발휘합니다. 재능도 중요하지만 그릿 없이 재능만으로는 한계를 넘기 어렵습니다. 천재성은 타고난 재능보다는 창조성과 지속적인 도전정신에서 비롯된다는 주장입니다. 재능에 대한 진정한 가능성은 끊임없는 노력과 결합할 때 놀라운 결과를 이끌어냅니다.

따라서 아이들에게 필요한 것은 타고난 재능보다 스스로 자신의 가능성을 인식하고 발전시켜 나갈 수 있는 환경입니다. 또한, 아이 스스로가 지닌 끈기와 목표에 대한 열망도 중요합니다. 스스로 목표를 설정하고 그것을 달성하기 위해 노력하는 모습은 큰 성공에 있어 필수입니다. 이러한 과정에서 아이는 자신만의 재능과 가능성을 발견하게 됩니다.

그렇다면, 부모와 교사들은 어떻게 해야 할까요?

첫째로, 부모님은 아이가 작은 성취를 이루었거나 어려움을 극복할 때마다 칭찬하며 격려해주어야 합니다. 이런 칭찬으로 아이는 자신감과 함께 집중력과 끈기도 키울 수 있습니다.

부모나 교사는 아직 완성되지 않은 아이들의 가능성을 인식하고 그들의 성장을 돕는 존재입니다. 아이들이 실패를 겪거나 어려움에 부딪혔을 때, 그것을 극복하는 과정에서 얻은 경험과 노력을 칭찬하며 격려해주어야 합니다. 이런 긍정적인 영향은 아이가 어려운 순간에도 포기하지 않고 자신감을 키워 더 큰 성취를 향해 나아갈 수 있게 해줍니다.

좋지 않은 칭찬은 이런 식입니다. "너는 똑똑하니까 쉽게 해낼 수 있어." "이번 시험은 어렵지 않을 테니, 잘할 수 있을 거야." "넌 수학 문제를 푸는 데 재능이 있구나." 이것은 과정 중심적이지 않고, 아이의 노력이나 열정을 간과한 칭찬이지요. 또한 아이의 능력이나 재능에만 의존하는 내용이라서 끈기를 강조하지 않습니다.

좋은 칭찬을 볼까요? "네가 노력하는 모습을 보면 항상 더 나아지려고 노력하는 것 같아." "이번 시험에서 어려운 문제들을 잘 해결했어. 노력한 모습이 보인다." "어려운 문제를 푸는 데 시간을 들이는 걸 보니, 공부에 진심인 것 같아."

둘째로, 선생님은 동기부여와 함께 학생들의 끈기를 기르는 마인드셋 개발에 초점을 맞추어야 합니다. 각 학생에게 적합한 목표 설정과 도전정신 등 장기간 지속될 수 있는 열정 배양 방안

등 다양한 방법으로 접근하여 지원할 수 있습니다.

셋째로, '성장 마인드셋' 개념도 활용할 수 있습니다. 아이들이 능력이 고정된 것이 아니라 노력과 학습을 통해 개선될 수 있음을 강조합니다. 실패와 어려움 속에서도 긍정적으로 받아들일 줄 알며 자신의 발전 가능성에 집중하는 것입니다.

예를 들어, 과거에 실패한 분야에서 새로운 도전에 부딪혔을 때 "지난번에 실패한 경험에서 뭘 배웠는지 생각해보면 이번에는 아이디어가 생길지도 몰라"라고 격려합니다. 아이가 어려운 과제를 완료했다면 "네가 노력한 덕분에 어려운 과제를 해결했구나, 진짜 대단해!"라고 칭찬합니다. 이런 칭찬은 아이가 다음 목표를 향해 나아갈 때 자신감과 동기를 불어넣습니다.

결국, '재능'보다 중요한 것은 '그릿'입니다. 재능은 개인의 가능성을 보여주는 초기 지표일 뿐, 그 이상의 성취를 위해서는 끊임없는 노력과 도전이 필요하기 때문입니다. 이런 과정에서 아이들은 자신만의 재능을 발견하고 그것을 최대한으로 발휘할 수 있게 됩니다. 따라서 우리 모두가 아이들의 성장을 지원하고, 그들이 자기 잠재력을 깨닫고 끊임없는 도전을 통해 그릿을 기르는 데 중점을 두어야 합니다.

진로 고민과 전략보다
여기에 더 신경 쓰세요

> 66 진로·진학 고민 그만하세요. 실력이 되면 언제든
> 고를 수 있는 게 진로, 진학이예요. 그 시간에 공부하세요.
> 흔히 '입시전문가'들은 시험전형에 맞는
> 대학 소개를 하는 거지, 우리 자녀의 현재 상태는
> 전혀 몰라요. 그들이 우리 아이의 진로를
> 책임져주지 않아요. 99

아이들의 진로와 진학에 대한 고민은 부모들의 큰 두통거리입
니다. 기존 직업들은 흔적도 없이 영향력을 잃어가고, 눈만 뜨면
새로운 것이 생겨나며, 아이들은 다양한 활동과 경험을 통해 자
신을 세상에서 입증해보일 만한 역량과 레퍼런스를 쌓아야 한
다는 압박감을 느낍니다. 이러한 압박감은 부모와 아이 모두에
게 스트레스를 줍니다. 부모가 알아야 할 것을 몰라서, 아이가
유리한 흔적을 남기지 않아서 좋은 기회를 놓칠 것 같은 위기감
이죠.

서부 개척 시대, 한 금광사업가의 이야기가 있습니다. 꿋꿋한 열정으로 금을 찾는 방법을 연구했습니다. 그의 연구는 성공적이었고, 자기 재산을 모두 투자하여 금광을 샀습니다. 처음에는 예상대로 작은 양의 금이 발견되었습니다. 하지만 그 후 몇 년 동안 예상했던 만큼의 금은 나오지 않았습니다. 마음속에는 큰 실망감과 좌절감이 가득했습니다. 결국, 그는 더 이상 버티지 못하고 금광과 장비를 싸게 팔아버렸습니다. 계획했던 시간보다 훨씬 더 많은 시간과 비용이 들게 되자 조바심이 나고 한계까지 오게 된 것이지요.

그러나 그 업자의 장비와 금광을 헐값에 사게 된 다른 사람은 조금만 더 파면 큰 금맥이 있을 것이라고 생각했습니다. 결국, 그의 기대가 현실로 이루어졌고 많은 양의 순도 높은 금이 발견되어 큰 부자가 되었습니다.

실패한 첫 번째 금광사업가는 그 경험을 통해 큰 변화를 겪었습니다. 그는 어떤 어려움이 와도 노력하면 성공할 수 있다는 교훈을 얻었고, 자기 능력에 대한 확신도 버리지 않았습니다. 그의 다음 도전은 보험 판매였습니다. 처음에는 어려웠지만, "1미터만 더 파면 금이 나올 것"이라는 마음으로 영업을 이어갔습니다. 결국, 그의 인내와 노력은 성공으로 이어졌고, 전설적인 보험 판매왕으로 거듭났습니다. 금광에서 배운 교훈이 영업력의 기반이 되었고, 이를 바탕으로 그는 성공했습니다.

　　　　　　　　　　　내 아이를 믿는다는 것

제 큰아들은 고3입니다. 어느 날은 기숙사에서 전화를 하더니 지금까지 시간 낭비를 많이 했다며 자책하더군요. "공부는 혼자 알아가는 거였어요. 그걸 왜 고3 9월에야 알게 된 걸까요? 너무 바보 같은 시간을 많이 보냈어요"라며 후회했습니다. 한편으로는 아이가 조금은 성숙해진 것 같았고, 얼마나 힘들면 이렇게 철이 드나 싶어서 양가감정이 들었습니다.

아이에게 말했습니다. "네가 할 수 있는 것은 지금 현재를 최선으로 살아가는 것이야. 그것이 너의 실력을 키우고, 어떤 진로든 선택할 수 있는 기반을 만들어줄 거야." 그리고 제가 대학 입시 때 아버지와 손잡고 정문까지 갔던 기억을 들려주었습니다. "시험장은 혼자 들어가야 하니까, 네가 할 수 있는 최선의 준비만 해"라며 용기를 줬습니다.

우리 아이들에게 필요한 것은 '어떤 진로를 선택할지'보다 '자기 실력과 능력을 어떻게 키울지'에 초점을 맞추는 것입니다. 막상 닥치지 않으면, 자신의 노력과 공부의 양이 어느 정도의 결과를 가져오는지 가늠하지 못합니다. 자신의 실력과 역량으로 직접 진로를 선택하는 갈림길 앞에 서봤을 때 인생을 책임진다는 것의 의미를 조금이나마 체득하게 될 것입니다.

공부하는 법을 배우는 능력

66 명문대는 더 이상 중요하지 않다고 하는 세상이지만
명문대 갈 수 있는 실력이면 뭐든 할 수 있어요.
중학교, 고등학교 때 '공부를 잘했던 학생'은 하고 싶은
것들을 참고 공부에 매진한 아이들이에요.
꼭 명문대를 못 가더라도 이런 학생은 중고등학교 시절의
경험을 기억하며 무슨 일이든 참고 견디며
결국 자신이 하고 싶은 일을 할 수 있는
발전소 하나를 품고 살아갑니다. 99

서울대 출신인 친구가 회사에서 일하다 실수했다고 가정해봅시다. 그 일이 복잡한 것이 아니라면, 상사는 그에게 다시 해오라고 하겠지요. 반면 지방대 출신의 친구가 같은 실수를 저질렀다면, 다시 기회가 없을 수도 있습니다. '저 친구에겐 이게 어려운가 보다'라는 인식 때문입니다.

교육경제학에서는 이런 현상을 설명하는 두 이론을 소개합니다. 바로 '인적자본 이론'과 '선별·신호 이론'입니다. 인적자

내 아이를 믿는다는 것

본 이론은 교육을 통해 개인의 인적 자원이 증가하며, 이로써 노동생산성이 향상된다고 주장합니다. 반면 선별 · 신호 이론은 대학 교육이 개인의 잠재력을 입증하는 역할을 한다고 말합니다.

대학 진학은 다양한 영향 요인에 의해 결정됩니다. 대학 교육의 목적은 단순한 경제적 이익뿐만 아니라 개인의 미래에 끼칠 폭넓은 영향력을 고려해야 합니다. 대학에서 얻게 되는 다양한 경험과 지식이 개인 성장과 발전을 도모하며, 사회적 관계와 문화적 이해를 증진시키는 중요한 역할을 하기 때문입니다.

따라서 아이들에게 좋은 대학을 갈 수 있는 기회가 있다면 그 기회를 잘 활용하는 것이 중요하고, 만일 실력이 부족하다면 학습 능력을 키우는 데에 최선을 다해야 한다고 생각합니다. 대학 교육은 직접적인 경제적 이익보다는 개인의 성장과 미래를 위한 다양한 가능성을 제공하는 터전이기에 그렇습니다.

최근에 기업들은 경쟁력을 높이고 성공하기 위해 "지속적으로 성장할 수 있는" 인재를 찾습니다. 현대 사회에서 지식과 기술이 급속하게 변화함에 따라, 새로운 상황에 유연하게 대응하고 계속해서 배우며 발전할 수 있는 역량이 필수적이기 때문입니다. 미래학자들은 빠르게 변화하는 세상에서 "공부하는 법을 배우는 능력"이 가장 중요한 역량이 될 것이라고 예측합니다.

그렇다면 부모님들은 어떻게 자녀의 교육을 이끌어나가야 할까요? 핵심은 '공부'라는 것이 단순히 정보를 입력하고 출력하는 것이 아니라, 그 과정에서 얻는 문제해결력, 지식 그리고 태도 변화에 중점을 두어야 한다는 점입니다. 결국 교육의 목표는 아이들이 단순히 지식을 소화하는 것이 아니라, 그 지식을 활용하고 적용하는 능력을 기르는 것입니다. 명문대학이 더 이상 중요하지 않다는 시각이 강조되는 듯하지만, 거기 가는 데 필요한 실력을 갖춘다면 그 자체로 이미 많은 것을 할 수 있다는 사실을 잊지 말아야 합니다.

우리 아이들에게 필요한 것은 학습 능력을 발전시키고, 변화하는 사회와 기업의 요구에 적극적으로 대응할 수 있는 인재로 성장하는 것입니다. 학습 능력은 끊임없는 호기심과 개발 의지를 통해 강화됩니다. 지식의 양보다는 지식을 활용하고 적용하는 능력, 문제 해결과 의사소통 능력을 기르는 것이 중요하며, 이러한 역량을 바탕으로 변화하는 사회와 기업의 요구에 적극 대응할 수 있는 인재가 된다면 미래를 준비할 수 있습니다.

열심히만 살아서는
곤란한 이유

❝ 자녀가 쓸데없이 똑똑하다고 느낄 때가 있죠?
너무 좋아할 건 아니에요.
미래에 대해 너무 계산적인 아이는 오히려
불안하고 걱정이 많거든요.
가장 이상적인 경우는 발달 단계에 따라
알맞게 성장하는 아이예요. ❞

지인 중에 고등학교 진로진학 담당 선생님이 있습니다. 그분의
말에 따르면, 아이들이 너무 똑똑해 대학을 가지 않으려고 한다
고 합니다. 대학을 졸업하더라도 괜찮은 일자리가 없고, 4~5년
을 허송세월 보내게 되면 오히려 사회에 적응하는 데 더 어려워
질 수 있다는 계산 때문입니다. 우리의 평균 수명은 어림잡아
110~120세로 예측됩니다. 이런 상황에서 아이가 똑똑하다는
것은 부모로서 기쁜 일이지만, 미래를 너무 계산적으로 바라보
는 아이를 보는 부모의 마음은 걱정될 수밖에 없지요.

그럼에도 인생은 언제나 불확실한 여정입니다. 우리는 아이들을 어떻게 양육하고 지도해야 할지 심각하게 고민하고 있습니다. 인구 감소와 함께 우리 사회는 경쟁적인 환경으로 변화하고 있습니다. 이러한 변화 속에서 개인의 역량 향상은 필수적입니다. 그러나 이 역량 향상은 단순히 '똑똑한 계산력'만으로는 충분하지 않습니다.

창조성과 문제 해결 능력, 커뮤니케이션 등 다양한 역량이 함께 어우러져야 합니다. 기계와 AI가 발전하여 많은 일을 대체하더라도, 공부를 포기하거나 현재 상황을 그대로 받아들여서는 안 됩니다. 기술이 그렇게 눈부시게 발전할 것이므로 공부도 안 하고 책도 읽지 않으며 그냥 현실에 적당히 안주하며 살겠다는 생각은 정말 위험합니다. 가령, 현재로선 알바비 계산만으로 특별한 어려움이 느껴지지 않을지라도, 자신의 노동 가치를 그저 알바비 단계에서 머무르게 해서는 안 된다는 의미입니다.

배움을 통해 다양한 사람들과 소통하며 협력하는 기회를 얻게 됩니다. 이런 과정에서 형성되는 관계망과 문화 의식 그리고 커뮤니케이션 능력은 모두 미래 성공에 중요한 역량이 됩니다. 느슨한 관계를 형성하고 다양한 배경을 가진 사람들과 함께하는 경험은 공동체적인 의식과 문화를 형성하며, 소통 능력을 키우는 데에 도움을 줍니다.

4시간 일하고 시급 얼마를 버는, 어떻게 보면 계산이 딱 맞아떨어지는 것을 예상 가능한 덧셈적 사고라고 한다면, 오히려 인생은 복잡하고 다양한 '곱셈'의 과정으로 이루어집니다. 때로는 예상치 못한 분야에서의 경험, 새로운 사람들과의 만남, 새로 도전하는 환경 등이 우리 인생에 '새로운 차원'을 추가합니다. 이런 기회를 포착하려면 단순히 덧셈적인 사고방식에서 벗어나 곱셈적인 관점으로 세상을 봐야 합니다.

'곱셈적인 인생'의 예로는 스티브 잡스가 유명하겠지요? 그가 대학을 중퇴하고 캘리그래피 수업에 참여한 것이 후에 아이맥과 아이패드 등 애플 제품의 세련된 디자인에 영감을 준 것으로 유명합니다. 이처럼 예상치 못한 분야에서의 경험은 미래에 큰 영향을 미칠 수 있습니다. 또한, 100달러 지폐의 인물로 잘 알려진 벤자민 프랭클린은 정치가, 발명가, 과학자, 저술가 등 여러 분야에서 활동하며 곱셈적 인생을 살았습니다. 그의 다양한 경험과 지식은 서로 연결되어 독특하고 창조적인 아이디어를 만들어냈습니다. 일론 머스크 역시 테슬라, 스페이스X, 솔라시티 등 다양한 회사를 운영하며 곱셈적 인생을 살아가는 대표적인 사례입니다. 그는 자동차, 우주여행, 재생에너지 등 매우 다른 분야에서 혁신을 이끌어내고 있습니다.

영리함과 계산력만으로는 한계가 있습니다. 인생은 더하기만으로 설명되지 않으며, 때로는 곱셈적인 상호작용으로 미묘하게 이루어집니다. 우리에게 높은 학력이나 똑똑함이 있다면, 다가오는 기회들을 잘 잡아낼 수 있겠지요. 그러나 때로는 이런 능력이 우리를 덧셈적 사고방식에 머무르게 해 진짜 큰 기회를 놓치게 할 수 있습니다. 우리가 예상하지 못한 분야에서의 경험, 사람들과의 만남, 새로운 환경 속에서의 도전은 우리의 인생에 새로운 차원을 더할 수 있습니다.

아이들에게 필요한 것은 똑똑함 너머에 있는 깊은 인생 경험이며, 그것은 다양한 경험과 배움으로 얻어집니다. 부모로서 아이들에게 지식 외에도 다양성과 융합적 사고를 가르치는 것이 중요합니다. 그래야만 아이들은 자신만의 길을 찾아가며 의미 있는 삶을 살 수 있습니다.

내 아이를 믿는다는 것

자신에게 솔직해지는 습관

✳

66 청소년기에는 모든 게 습관의 문제예요.
흔히 말하는 '자기주도학습'은 아직 어렵거든요.
일단 학교 과제, 학원 과제 외에 혼자 공부하는 시간을
30분씩 의식적으로 늘리는 것이 필요해요. 99

청소년기는 습관 형성이 중요한 시기입니다. 아직 성장과 발달이 진행 중인 청소년들에게는 계획을 통한 자기주도적인 학습과 행동이 어려울 수 있습니다. 대부분의 자기주도학습 연구가 성인을 대상으로 이루어져 왔고, 청소년에게 적용하기엔 많은 어려움이 따르는 것은 사실입니다.

청소년들은 아직 경험이 부족하며, 그로 인해 스스로 판단하고 결정하는 능력이 미숙합니다. 실제로, 인터넷 강의 등을 신청하여 자기주도학습을 시도해보지만 그 과정을 완수하는 청소년은 드물다는 것을 경험적으로 알 수 있습니다. 이런 상황에서

일부 청소년들이 성공적으로 이러한 과정을 알아서 해내고 자기주도학습을 이루었더라도, 이를 모든 청소년에게 도입하는 것이 아이들에게 효과적인 학습 방법이라고 단언하기는 어렵습니다. 모든 아이는 그 성향과 능력이 다르기 때문에, 하나의 학습 방법이 모두에게 적합하지는 않을 수 있으니까요.

무리하게 자기주도학습을 시행하다가 실패하면 아이들은 더욱 불안해집니다. 아이들은 자신의 실패나 어려움에 대해 부모와 함께 부정적인 감정에 빠지기보다는, 실패를 긍정적인 경험으로 받아들이고 그것에서 배우며 성장하는 과정이 필요합니다. 이런 과정에서 중요한 건 바로 '습관'입니다.

도스토옙스키는 "인생의 후반부는 인생의 전반부에 쌓은 습관들로 결정된다"라고 했습니다. 또한 윌 듀란트는 아리스토텔레스의 사상을 요약하면서 "우리는 자신이 반복적으로 하는 것으로 자기 자신이 된다. 따라서 완벽함은 행동에서 비롯되지 않고, 습관에서 비롯된다"라고 정리했습니다. 우리 아이들의 운명은 작지만 본질적인 습관에서 비롯됩니다. 그리고 제가 생각하는 가장 중요한 습관은 "자신에게 솔직해지는 습관"입니다.

자기 마음과 감정을 솔직하게 드러내고 표현하는 것은 작아 보일 수 있으나 꽤 강력한 영향력을 가진 습관입니다. 세련되고 사회성 있게 자신에게 솔직해지는 모습을 보며 우리는 그 사람을 멋있다고 여길 때가 많습니다. 이것은 자기감정과 생각, 그리고 본인이 진정으로 원하는 것이 무엇인지를 파악하고 인정하는 과정입니다. 부모와 청소년 모두 자신의 감정과 생각에 대해 솔직하게 표현하면서 서로의 의견을 존중하고 이해하는 환경을 만들어야 합니다. 적절한 선에서 자신의 솔직한 마음을 인식해 표현하는 능력은 부모만이 키워줄 수 있는 능력입니다.

자신에게 솔직해지는 것도 연습이 필요해요. 우리나라 50대 남자들의 갱년기 현상 중에 가장 뚜렷하게 드러나는 것은 "해야 할 일만 한다"라는 것이지요. 하고 싶은 것이 아니라, 해야만 하는 일에만 몰두하다 보니, 자기가 뭘 좋아하는지를 잃어버리게 돼요. 그래서 몇 년 있다가 현역에서 은퇴하게 되면 가장 괴로운 일이 취미생활이 없다는 것이지요.

취미도 여행, 음악 감상, 이런 식으로 거창하게만 생각할 일은 아니에요. 힘을 빼고 자기 자신을 잘 살펴봐야 해요. 어떨 때 좋은지, 어떻게 해야 행복한지, 그런 때에는 왜 그런 기분인지를 솔직하게 물어보는 연습이 필요하지요. 그래야 생활도 취미도 작은 일에서 행복할 수 있으니까요. 아이들도 마찬가지입니다. 당위만 가르치면 아이들이 힘들어요. 타인과 상관없이 뭐가 좋다, 싫다는 것을 잘 알고 자기 마음을 세련되게 표현하는 능력은 높은 사회성과 연결되지요.

아무리 생각해봐도 가르치는 일이 적성에 맞지 않는다고 느끼자 어느 날 홀연히 '팩스'로 사직서를 제출하고 대학 교수직을 그만두었다는 김정운 작가님이 그런 예라고 할 수 있어요. 음악에 대한 해석, 특별히 슈베르트 가곡에 대한 해석이나 그분의 독특한 취향을 들어보면, 참 자유로운 분이다, 아이들도 이렇게 크면 좋겠다는 생각이 듭니다.

김정운 작가님의 아버지는 교계에서 유명한 목회자였어요. 그런데 아들이 바닷가에 집을 지었다가 폭풍을 만나 집이 거의 박살이 날 정도가 되었다고 해요. 모두가 '왜 이런 곳에 집을 짓느냐'라고 할 때, 아버지가 그러셨데요. "쿠바에 가면 바닷가에 헤밍웨이의 작업실이 있지." 그 말씀을 남기셨다는 인터뷰를 본 적이 있어요. 자식인데 왜 걱정이 없으셨겠어요? 그런 어려움도 곁에서 가만히 관조하고 볼 수 있는 힘! 그러한 힘이 우리 아이들을 스스로 솔직하게 만든다고 생각합니다.

앞의 질문으로 돌아와서, 아직은 이른 나이긴 하지만 우리 아이들이 어떻게 '자기주도적인 학습과 행동'을 배울 수 있을까요? 답은 여전히 '습관 형성'에 있습니다. 아리스토텔레스의 말처럼, 우리의 운명은 우리가 형성한 습관에서 비롯되기 때문입

내 아이를 믿는다는 것

니다. 좋은 습관, 예를 들어 계획 세우기나 시간 관리 등은 긍정적인 결과를 가져올 것입니다.

　부모님들은 아이들에게 처음부터 완벽함을 요구하기보다는 일상적인 작업에서 시작하여 조금씩 향상시키도록 돕는 것이 바람직합니다. 예를 한번 들어볼까요? 아이들을 키울 때, 욕망과 당위 중에 당위로 키우지 말고 욕망을 사용해보세요. 그 과정에서 알아낸 지혜와 경험이 쌓일 때 청소년들이 강점을 발휘하고 긍정적으로 성장할 수 있습니다.

뭘 해도 잘 해낼 아이

> 66 지독한 열정과 끈기로 노력해봐도
> 결과가 좋지 않을 수 있어요.
> 그래도 이렇게 한번 도전해본 자녀에게는
> 박수를 보내주세요. 세상이 뜻대로 안 된다는 사실을
> 경험해봤으니까요. 그 열정과 과정만큼은
> 크게 칭찬해주세요. 뭘 해도 될 아이예요. 99

제가 학생들에게 항상 강조하는 말이 있습니다. 하루에 30분 단위로 뭔가 계획해서 하고 싶거나 이루고 싶은 일이 있을 때, 바로 그때는 그 일에 전념하도록 권합니다. 하지만 아직 목표가 명확하지 않다면, 그런 목표가 떠오를 때까지 지금 당장 할 수 있는 공부에 집중하라고 말합니다.

아이들 중에서는 결과가 좋지 않음에도 불구하고, 지독한 열정과 끈기로 계속해서 도전하는 모습을 보여주는 경우가 있습니다. 그런 아이들을 보면서 원하던 결과를 얻지 못해 좌절할

내 아이를 믿는다는 것

까 봐 걱정되곤 합니다. 하지만 저는 이런 상황에서도 아이들에게 계속해서 최선을 다하는 것의 중요성을 강조합니다.

최선을 다하는 것도 마음먹는다고 아무 때나 가능한 것은 아닙니다. 그 또한 연습과 훈련 그리고 강한 의지가 필요한 과정입니다. 우리나라의 시험 체계와 같은 구조적 제약 속에서도 부모와 선생님으로서 할 수 있는 격려와 응원은 아끼지 않는 편입니다. 그러한 경험들이 삶의 태도로 내재화되면 사람의 품격과 성취감 등 자신만의 가치관을 형성할 수 있습니다. 이러한 과정 없이 어떻게 자녀가 성장하고 변화할 수 있겠습니까? 저는 이것이 바로 교육의 본질적인 가치라고 생각합니다.

삶은 도전과 변화의 연속입니다. 우리 모두는 삶 속에서 여러 차례 최선을 다해야 하는 상황에 직면합니다. 그래서 '그릿', 즉 꺾이지 않는 의지와 노력을 아이들에게 강조합니다. 이것은 아이들의 마음에 심어주는 가장 중요한 가치입니다.

이현세 작가는 "천재와 싸워 이기는 방법"이라는 글에서 이렇게 이야기합니다(온라인에 전문이 공개되어 있으니 찾아서 읽어보면 좋겠습니다).

어릴 때 동네에서 그림에 대한 신동이 되고, 학교에서 만화에 대한 재능을 인정받아 만화계에 입문해서 동료들을 만났을 때, 내 재능은 도토리 키 재기라는 것을 알았다.

그러나 그중에 한두 명의 천재를 만났다. 나는 불면증에 시달릴 정도로 매일매일 날밤을 새우다시피 그림을 그리며 살았다. 내 작업실은 이층 다락방이었고 매일 두부장수 아저씨의 종소리가 들리면 남들이 잠자는 시간만큼 나는 더 살았다는 만족감으로 그제서야 쌓인 원고지를 안고 잠들곤 했다. 그러나 그 친구는 한 달 내내 술만 마시고 있다가도 며칠 휘갈겨서 가져오는 원고로 내 원고를 휴지로 만들어 버렸다. …

천재들은 항상 먼저 가기 마련이고, 먼저 가서 뒤돌아보면 세상살이가 시시한 법이고, 그리고 어느 날 신의 벽을 만나 버린다. 인간이 절대로 넘을 수 없는 신의 벽을 만나면 천재는 좌절하고 방황하고 스스로를 파괴한다. 그리고 종내는 할 일을 잃고 멈춰서 버린다. 이처럼 천재를 먼저 보내놓고 10년이든 20년이든 자신이 할 수 있다는 생각으로 하루하루를 꾸준히 걷다 보면 어느 날 멈춰버린 그 천재를 추월해서 지나가는 자신을 보게 된다.

보리밟기라는 전통적인 농업 방식에서도 이를 찾아볼 수 있습니다. 겨울철에 보리를 잘 자라게 하려고 어른들은 아이들을 시켜 보리 심을 땅을 다지도록, 잡초를 제거하도록, 퇴비 주기를 한 후 보리를 심고, 겨울철이라 땅이 얼었으니, 그 땅을 꾹꾹 눌러주라고 아이들에게 시켰습니다. 그렇게 만든 보리밭에서 자란 보리가 겨울과 봄의 강한 기상 조건에도 잘 버틸 수 있듯, 삶에서 역경과 고난을 만나더라도 회복탄력성을 발휘하며 성장해 나가야 합니다. 그런 과정에서 부모로서 할 수 있는 것은 지독한 열정과 끈기로 도전하는 아이들의 모습에 박수를 치며 응원하는 것입니다.

때론 결과가 좋지 않더라도 지독한 열정과 끈기로 도전해본 경험이 있는 아이는 어떤 일을 해도 성공할 수 있는 가능성을 가진 아이입니다. 그래서 저는 항상 "지독한 열정과 끈기로 애써도 결과가 좋지 않았더라도 이렇게 한번 해본 자녀에게 박수를 쳐주세요. 그런 아이는 어떤 일을 해도 될 것입니다"라고 말해줍니다.

실력이 있으면
학벌이 더 빛이 납니다

66 학벌이 중요하지 않다고 하는 사람들 대부분은
학벌이 좋아요. 그러니까 그 사람들 말을 다
믿지는 마세요. 대한민국 의대열풍은 결국 자녀가
잘살기를 바라는 부모의 마음이에요.
이걸 뭐라고 할 수는 없어요. 하지만 의대를 못 가더라도
얼마든지 잘 살 수 있다는 것을 가르쳐주는 게 부모예요. 99

성서에서 가장 완벽한 사람으로 꼽히는 인물은 '요셉'이고, 가장
높은 학식을 가진 사람은 '사도 바울'입니다. 그는 깊은 학식과
높은 지위를 가졌지만, 자신이 자랑하고 누렸던 모든 것을 '배설
물'로 여긴다고 표현하였습니다. 이것은 자신의 지식과 지위를
겸손하게 바라보았음을 보여줍니다.

사도 바울은 신약 성서의 중요한 인물 중 한 명으로, 그의
가족은 바이트레아라라는 도시에 속한 벤야민 지파의 멤버로

내 아이를 믿는다는 것

정통 유대인이었습니다. 또한 바울은 가말리아 학파에 속한 학자로서 헬라어와 히브리 말에 능통했습니다. 그는 다양한 언어와 문화를 이해했고, 그들과 소통하고 교류할 수 있었습니다. 그는 또한 철학에 대한 이해와 지식이 깊었습니다. 이러한 학식과 어학 능력은 다양한 문화와 언어 배경을 가진 사람들에게 기독교를 전파하고 소통하는 데 큰 도움을 주었습니다.

또한 그가 저술한 책은 신약에서 자그마치 13권이나 됩니다. 인류 최고의 스테디·베스트셀러의 작가라는 말입니다. 그런 바울이 자신의 세상 지식을 배설물로 여겼다는 표현은 겸손과 자기 실력에 대한 인식을 보여주는 중요한 단면일 뿐입니다. 그는 자신의 지식과 학문적 배경을 자기 가치를 드러내는 수단으로 사용하지 않았습니다.

이런 사례를 보며 학벌이 중요하지 않다고 주장하는 사람도 있습니다. 그들은 학력을 떠나서 '실력과 역량'이 더 중요하다고 주장합니다. 그러나 학벌은 본질적인 부분은 아니지만, 많은 경우에 자신의 학습 능력을 간단하게 표현하는 수단으로 작용할 수 있습니다. 매사에 어떤 일에 자기 능력을 증명해야 하는 것만큼 피곤한 일도 없으니까요. 그리고 바울의 학식과 배경이 없었다면 성서를 저술하고 기독교를 전파하는 데 큰 역할을 하지 못했을 것입니다.

비슷한 맥락에서, 우리는 부모와 교육자로서 아이들에게 학벌의 중요성과 함께 실력과 역량 발전의 중요성도 동시에 강조해야 합니다. 학벌 자체가 본질적인 가치는 아니지만, 자기 능력을 보여주고 인정받는 수단으로 작용할 수 있습니다. 물론, 학벌은 자신의 이력을 보여주는 창구일 뿐, 그 안에는 지식과 노력을 통해 얻어낸 자기 실력이 있어야 진정한 가치를 얻을 수 있겠지요. 반대로 이미 좋은 학벌을 가진 경우라도 계속해서 자신의 역량 개발에 집중하는 것이 중요함을 일깨워주어야 합니다.

결국, 우리가 아이들에게 전달해야 하는 메시지는 '학습'과 '실력' 모두 필수라는 것입니다. 잘난 체하지 않고 겸손하게 나아가되, 스스로 발전시키기 위한 노력을 멈추지 않는 것이 중요합니다. 이것이 바로 '학벌'과 '실력' 사이의 균형을 이루는 방법입니다. 그리고 이런 균형 잡힌 시각은 아이들이 성인으로 성장하며 그들의 삶을 더욱 풍요롭게 할 것입니다.

내 아이를 믿는다는 것

4부

아이와 함께
성장하는 엄마

감정을 받아준 뒤에
한 가지를 배우게 해주세요

✳

66 자녀의 감정과 행동에 대해 이해하고 들어주세요.
하지만 사회성이 결여되지 않게 반드시 개입하세요.
무작정 "그래, 그래" 하는 대화는
올바른 자녀 대화법이 아닙니다.
그때 그 상황을 이해할 수는 있겠지만,
잘못된 행동이 불러올 결과는 꼭 알려주세요. **99**

어느 날, 우리 큰아들이 울면서 왔어요. 학교에서 오는 길에 밀어서 넘어졌다면서, 입술에 피를 철철 흘리고요. 앞니 영구치 하나가 부러진 거예요. 세상에나, 얼마나 놀랐던지요! 덩치도 큰 녀석이 당황하고 놀라서 엉엉 울면서 오는데, 다친 데를 대충 닦고 일단 함께 치과에 갔다 왔지요.

친구들 앞에서 넘어져서 그랬으니, 창피한 마음이 가득했나 봐요. 아무래도 5학년쯤 되면 아이들 앞에서 어떻게 보일지 신경 쓰일 나이니까요. 누가 자기를 밀었다며, 또 누구 때문에 자기는 살 수가 없다며… 흥분해서 고함치면서 말을 하더라고요. 치과에 다녀와서는 피곤한지, 눕더니 바로 잠들었습니다.

치료를 받고 며칠 후에 새 이를 병원에서 만들어주고 다시 씌우고 붙이는 동안, 여러 생각이 들었어요. 감정이 상했던 아이도 처음에는 누가 밀었다고 했는데, 친구들 이야기와 본인이 생각해보니, 자기가 그냥 돌에 걸려 넘어진 거였더라고요. 또, 그날 함께 걱정하면서 집에 와줬던 친구들을 하나하나 생각하면서 그때 그렇게 다친 걸 보고 그렇게 걱정해줬다면서, 고3이 된 지금까지도 고마운 마음으로 추억합니다.

아플 때는 당연히 잘 들어줘야지요. 애가 울면서 왔으니까요. 당연히 저도 너무 아팠지요. 마음이요. 멀쩡한 제 치아까지 다 흔들리는 거 같았어요. 또 왜 이런 일이 있어났는지, 아이가 당황해서 다른 친구들을 원망하며 말하는 동안에도 흥분하지 않고 들어줬어요. 얼마나 원망스러울까 하면서 말이죠. 사리판단은 하지 않았어요. 아프니 뭔 소리는 못할까 싶었고요. 이런 상황에서 부모로서 가장 먼저 해야 할 일은 아이의 감정을 이해하고 그를 위로하는 것입니다. 아픈 마음을 함께 나누며, 무슨일이 있었는지 천천히 들어주는 거지요.

여기서 주의할 점은, 감정적인 이해를 넘어 사회적 규범에 대한 인식도 함께 가르쳐야 한다는 것입니다. 아들이 처음에 친구 A를 원망했던 것처럼 잠시의 오해나 착각으로 인한 비난은 타인에게 큰 상처를 줄 수 있으니까요. 따라서 부모로서 우리의 역할은 자녀의 감정을 충분히 이해하되, 그것이 사회성이 결여된 행동으로 번지지 않도록 관찰하고 알려주는 것이겠지요.

한편으로는 저도 치아가 부러진 아이의 말을 그대로 받아들이지 않고 차분히 생각해본 것도 의미가 있었습니다. 아이 말을 듣고 의심되었던 친구와 엄마에게 당장 달려가 따질 수도 있었어요. 그러나 그렇게 하지 않고 함께 온 아이들의 말을 천천히 다 들어본 것도 다행이었고요. 아이들이 아프다고 하면 부모란 존재는 우선 흥분하기 마련인데, 그때는 운이 좋아 나에게 그런 여유가 있었어요.

결국, 자녀교육에서 중요한 것은 '자녀의 감정 이해'와 '사회성 유지'라는 두 축을 동시에 유지하는 것입니다. 아픈 마음을 함께 나누되, 그 과정에서 사회적 규범과 타인에 대한 배려를 잊지 않는 것이 중요합니다. 이러한 접근 방식을 통해 아이들은 감정적 지원과 동시에 사회성을 배울 수 있습니다.

02
자기주도학습의 허실

> 66 TV나 SNS 채널에 등장하는 입시 전문가들의
> 말 한마디를 정답처럼 받아들이는 사람들을 보면
> 마음이 아파요.
> 그들도 사실 어떻게 해야 스스로 공부하는 아이가 되는지
> 잘 몰라요. 그냥 우리 아이에게 맞는 방법으로
> 꾸준히 하는 게 답이에요.
> 그래서 부모가 중심을 잡는 게 중요해요. 99

아이들의 교육은 부모에게는 언제나 큰 과제입니다. 특히 자기주도학습, 즉 아이가 스스로 공부하는 방법을 찾아내는 것은 더욱 어려운 일입니다. 저는 이 부분이 무척 궁금해서 대학원에 가서도 따로 공부를 해봤어요. 어떻게 하면 자기주도학습이 가능한지에 대해서요. 하지만 자기주도학습에 관한 대부분의 연구는 20대 이상의 성인 학습과 관련되어 있었습니다. '스스로 공부하는 아이'는 제가 생각하기에 교육기업에서 마케팅용으로 만들어냈다고 느껴질 정도로 초중고 학생 대상 연구를 찾기는

         내 아이를 믿는다는 것

쉽지 않았습니다. 아이들이 스스로 공부하는 능력을 갖추는 것이 쉽지 않다는 사실을 보여줍니다.

하지만 이런 현실에서도 부모와 교사는 학습 능력을 키워나갈 방법을 찾아야 합니다. 그중 하나가 '훈련'과 '자기통제'입니다. 저는 단순히 '훈련'(trained: 문제 해결에 필요한 기술적 능력을 갖춘) 수준이 아닌 '자기통제'(disciplined: 훈련에 더해 일관된 행동과 좋은 습관까지 갖춘) 상태였으면 좋겠어요.

훈련과 자기통제는 개인의 행동을 조정하고 통제하는 데 필요한 핵심 태도입니다. 자기주도학습은 결국 스스로 학습 목표를 정하고, 목표를 달성하기 위한 계획을 세우고, 계획에 따라 행동하며, 결과를 평가하는 과정이기 때문이지요. 이 모든 과정에서 "자기 생각과 행동을 스스로 관리하고 조절하는 능력"이 필요합니다.

그렇다면 어떻게 해야 우리 아이들이 자신을 통제 가능한 사람으로 성장시킬 수 있을까요?

첫째, 아이들에게 일관된 규칙과 기대치를 제공해야 합니다. 정해진 시간에 숙제를 하는 등의 일관된 환경 속에서 아이는 자신만의 학습 패턴과 집중력을 발전시킬 수 있습니다. 숙제를 하기 전에 휴대폰을 제한하는 등의 규칙을 제공하는 것도 좋겠습니다.

둘째, 적절한 도전과 성공 경험도 중요합니다. 적당한 난도의 과제를 통해 자녀들은 자기 실력을 높이고 성취감을 느낄 수 있습니다. 너무 쉬운 과제보다 약간 어려운 과제에서 성공한 경험이 더 큰 성취감과 자신감으로 이어집니다. 인지심리학에서 말하는 개인을 성장시키는 '의도된 노력'deliberate effort에서 이 '적당한' 난도는 중요한 요인입니다.

셋째, 올바른 피드백과 격려가 필요합니다. 결과보다 과정에 초점을 맞춘 격려와 칭찬은 아이가 지속적으로 도전하고 배우는 데 도움이 됩니다. 이러한 격려는 자신감을 높이고 지속적인 학습 의욕을 갖게 됩니다.

결국, 아이가 스스로 공부하는 법을 배우는 것은 아이를 둘러싼 환경과 그 환경을 만드는 어른의 노력에 달려 있습니다. 좋은 훈련과 자기통제를 통해 자녀들은 자기 통제력과 책임감을 발전시키며 성장하고 발전합니다. 어른들의 지속적인 지원과 가르침으로 아이들도 조금씩 배워나가다가 성인이 되었을 때 그 가능성을 마음껏 풀어놓기 시작합니다.

내 아이를 믿는다는 것

TV와 현실 사이:
맞춤형 자녀교육을 위한 고민

❝ 자신을 전문가라고 주장하며 이야기하는
자녀교육 사례를 맹신하지 마세요.
한 번에 바뀌는 아이는 세상에 없어요.
우리 아이의 성향과 기질에 따라 '조금은 느리게,
조금은 천천히' 간다고 생각하세요. **❞**

TV에서 전문가들이 나와 보여주는 자녀교육 사례들은 그저 일부 상황을 반영한 것일 뿐입니다. 아리스토텔레스는 『니코마코스 윤리학』에서 말했어요. "도덕적 미덕은 우리 안에서 본성적으로 생기지도 않고, 본성을 거슬러 생기지도 않는다. 우리는 도덕적 미덕을 본성적으로 받아들일 수 있으므로, 그 미덕들을 받아들여 습관을 통해 완성해야 한다"(2권 1장).

자녀교육은 단기간에 크게 변화하는 것이 아니라, 지속적인 관심과 사랑 그리고 규칙성 있는 훈련을 통해 천천히 이루어지는 과정입니다.

프로그램들은 대체로 한 시간 내외의 짧은 시간 동안, 혹은 몇 주간의 에피소드를 통해 뚜렷한 변화와 해결책을 제시하려고 합니다. 하지만 실제 세상에서는 한 번의 조언 혹은 한 번의 시도로 크게 변화되기가 거의 불가능합니다. 그렇게 쉽게 가능했다면 기적이라고 해도 되겠지요.

또한 그런 수준 높은(?) 교육 사례들에 너무 매료되어 '헤일로 이펙트'(Halo Effect, 후광효과)에 빠질 수 있습니다. 즉, 어떤 긍정적인 부분 덕분에 다른 모든 부분까지 긍정적으로 보게 되는 심리적 편향을 의미합니다. 어떤 아이가 공부를 곧잘 한다고 해서 그 아이의 모든 생활 스타일이 다 좋은 건 아닌데, 우리는 공부만 잘하면 다 좋아 보이는 경향이 좀 있죠? 또 TV에서 본 어떤 교육법이 한 아이에게 잘 맞았다면, 그것이 다른 아이에게도 잘 맞을 것이라고 착각할 수도 있고요. 그래서 방송을 보고는 집에 와서 잘 쉬고 있는 애꿎은 아이에게 잔소리를 늘어놓는 것일지도 몰라요.

실제로 모든 아이에게는 개인차Individual Differences가 있으며, 이러한 차이를 고려하여 교육 방법도 달라야 합니다. 예를 들어 제 아들들은 글 쓰는 것을 정말 싫어해요. 일기를 2줄이라도 쓰게 하려면 진짜 힘들어요. 그런 아이들에게 서술형 수학을 가르치겠다며, 문장으로 모두 식을 쓰게 했다면 어땠을까요? 당연히 수학 공부를 때려치웠겠죠. 하지만 다행히도 아이들이 수학을 곧잘 하는 이유는, 잘한다는 아이들의 수학 공부법을 내 아이에게 고집하지 않았기 때문이었습니다.

마찬가지로, TV에서 본 어떤 방법을 무작정 따라 한다면 결과가 별로 좋지 않을 거예요. 저 역시 이중언어를 구사하는 글로벌 리더로 아이들을 키우자는 프로그램을 보고, 그대로 적용하려 했던 경험이 있습니다.

어떤 사이트에 유료로 돈을 내고 들어가 다른 엄마들의 영어 공부법에 심취해 아이들에게 그대로 적용하려고 영어 원서를 대량으로 구입하기도 했습니다. 뉴베리 수상작이 포함된 책들을 잔뜩 사서 혈기 왕성하고 단 1분도 제자리에 앉아 있지 않는 아들들에게 읽으라고, 정말 침착하고 전략적인 헛수고를 장기간 하기도 했습니다. 하지만 결과는 실패였습니다. 이처럼 TV에서 보여주는 교육법은 반드시 자녀의 특성과 환경에 맞게 조정해야 합니다.

자녀교육에서 가장 중요한 것은 '포지티브 강화'Positive Reinforcement입니다. 아이가 올바른 행동을 할 때 긍정적인 반응을 보이면, 아이는 그 행동을 반복하게 됩니다. 이것은 심리학자 B. F. 스키너의 연구를 바탕으로 한 것으로, 아이에게 올바른 행동을 가르치는 데에는 효과적입니다.

결론적으로, 자녀교육은 장기간에 걸쳐 일관성 있고 지속적인 관심과 사랑 속에서 이루어져야 합니다. TV 프로그램에서 제시하는 교육 방법들은 참고 사항일 뿐, 모든 상황에 적용되는 해결책이 아닙니다. 부모는 항상 개별적인 상황과 필요를 고려하여 최선의 방법을 찾아내야 합니다. 이렇게 자녀를 이해하고 사랑하는 마음에서 출발한 교육이 결국 가장 큰 성공을 가져올 것입니다.

회복탄력성:
아이 인생에서 가장 중요한 능력

66 자녀의 자존감을 키우는 것도 중요하지만,
더 중요한 건 좌절을 극복하고 이겨내는
회복탄력성이에요. 넘어지면 스스로 일어날 때까지
지켜보세요. 부모도 마찬가지잖아요.
무시받는다고 느껴지거나 정서적 불안이 오면
하루빨리 회복하는 게 더 중요해요.
자녀의 회복탄력성을 키워주는 건 바로 '부모'예요. 99

아이들이 건강하게 성장하고 삶을 긍정적으로 대하는 데 자존
감은 중요한 역할을 합니다. 그러나 더 중요한 것은 자녀에게 회
복탄력성을 가르치는 것입니다. 회복탄력성은 어려움과 실패를
겪을 때 일어나는 정서적 충격에서 빠르게 회복하고, 긍정적인
성장과 학습을 이루어내는 능력을 의미합니다.

연세대학교 김주환 교수는 회복탄력성을, "영웅이나 위대한
일을 하기 위한 조건"이라고 설명합니다. 고난과 어려움이 없었

다면 그 영웅이나 위대함이 탄생하지 않았다고 합니다. 즉, 고난을 극복해야 훌륭한 사람이 되는 것이 아니라, 고난 덕분에 영웅이 된다는 뜻이에요. 따라서 회복탄력성은 단지 어려움에서 벗어나는 것만이 아니라, 그 어려움을 통해 새로운 단계로 도약하는 능력입니다.

인생을 지혜롭게 살아갈 수 있는 비결은 불행에 대한 인내심과 극복에 있습니다. 이 말은 어려운 상황에서도 내면의 힘과 긍정적인 마인드를 유지하는 능력이 중요하다는 것을 암시합니다. 그렇다면 이러한 회복탄력성은 어떻게 키우는 것일까요?

첫째로, 부모님이 과정 평가적인 접근을 할 필요가 있습니다. "최선을 다한 것 자체가 굉장히 훌륭한 도전이야" 등과 같은 긍정적인 메시지를 전달함으로써 아이들에게 실패와 좌절도 한 번의 경험이며, 돌파구로 활용할 수 있다는 생각을 심어줍니다. 인생에서는 항상 문제가 발생하지만, 그 문제를 통해 해석의 능력을 키워줄 수 있습니다.

둘째로, 아이들에게 스스로 문제를 해결하도록 가르칩니다. 저도 고난이 정말 싫습니다. 고난 없이 인생을 살진 않았지만, 인생에서 실패하고 넘어지는 고통을 우리 아이들은 겪지 않았으면 하는 바람도 간절합니다. 그래도 어쩔 수 없이, 인생이라는

내 아이를 믿는다는 것

시험에서 아이들에게 어떤 역경이 찾아온다면, 일단은 작은 일에서부터 스트레스나 고통을 극복하는 훈련을 조금씩 시켜보는 것이 중요합니다. 니체가 말한 것처럼 "나를 넘어뜨리지 못한 고난은 나를 강하게 할 뿐"입니다.

셋째로, 유연한 사고방식에 대해 알려주세요. 공부를 잘하는 아이들도 때때로 유연성이 떨어질 때가 있습니다. 본인이 학습한 것은 거의 맞는 아이들은 인생의 어떤 문제에서 그런 효능감이 통하지 않는 영역이 있음을 알게 돼요. 모든 것이 완벽하게 풀리지 않아도 괜찮다는 것, 우리가 모든 문제를 해결할 수 없다는 것 등 인생의 복잡성과 한계를 인정하는 태도가 필요합니다.

자녀교육에서 가장 중요한 것은 아이가 넘어졌을 때 스스로 일어날 수 있는 능력, 즉 회복탄력성을 얻게 하는 것입니다. 자녀의 성장과 그들이 앞으로 닥칠 어려움을 극복하는 데 필수적인 역량입니다. 그리고 우리가 아이들에게 전해주고 싶은 가장 중요한 능력이기도 합니다.

너무 멀리 보려다
가까운 것을 잃을 수 있어요

> 66 상위 1% 공부법… 그게 뭔가요?
> 그리고 그게 중요한가요?
> 엄마들은 먼 곳만 보다가 정작 아이를 망치는 경우가
> 더 많아요. 그런 공부법이 모두에게 통한다면
> 세상에 공부 못 하는 아이는 없을 거예요.
> 우리 자녀의 현재 상태를 우선 파악하고
> 먼저 해야 할 일을 정리해보세요. 99

서점에 가면 항상 눈에 띄는 책들이 있습니다. "아들 셋을 스탠
퍼드에 입학시킨 엄마", "평범한 우리 아이 하버드 보내기" 등
등. 어른인 우리가 봐도 그 아이들은 정말 대단합니다. 입이 딱
벌어질 정도의 노력과 세세한 노트 정리, 또 전략적 사고 등을
보면 아무도 시키지 않아도 이렇게 공부하는 아이들이 있다는
것에 깜짝 놀라며, 집에 있는 우리 아이들을 생각하며 좌절에 빠
지곤 하죠.

정말 어마무시한 환경에서, 웬만한 어른들도 좌절해서 아무것도 하기 싫은 환경에서 고난과 역경을 뚫고 나가면서 공부한 이야기를 들으면, 어떤 숭고함까지도 느껴집니다. 저도 이런 책들에 '꽂혀서' 감탄하면서 읽었던 기억이 나요. 장애가 있어도 이겨내고, 화상을 입어도 이겨내고, 도대체 인간의 한계가 어디에 있단 말인가 하는 생각을 하면서요.

하지만 집으로 돌아오면 현실은 다릅니다. 우리 아이들은 게임을 하며 웃고 있는 모습일 겁니다. 그렇게 의가 좋을 수가 없어요. 무슨 게임을 하는데 둘이서 전략을 짜고 교대로 화장실을 다녀오는 긴박함도 연출하면서 말입니다. 밖에서는 전쟁에서도 살아남을 법한 치열한 아이들의 공부법을 읽다가, 집에 오면 아이들이 신나게 침대에 누워 놀면서 방은 돼지우리처럼 해놓고, 엄마를 보지도 않고 '왔어?' 하는 것이 현실 아닌가요? 그럴 때마다 생각합니다. 책이 거짓말을 하거나 아이들이 현실의 아이가 아니거나.

우리 아이들은 지금 상위 70% 정도의 고지를 넘으려고 힘겹게 살아가고 있습니다. 필요한 것은 엄청난 역경 속에서도 승리를 거둔 이야기보다는 지금의 현실 속에서 자신의 위치를 찾아나가는 방법입니다. 이 상황에서 '상위 1%' 공부법이 정말 중요할까요? 너무 멀리 보려다 가까운 것을 잃어버릴 수도 있지 않을까요?

그러니 주말에 집에서 아이와 함께 시간을 보내며 서로 이야기해보세요. 한 주간 고생한 아이와 함께 저녁식사를 하며 얘기해보세요. '새로 바꾼 학원 마음에 드니?', '학교 선생님이랑 무슨 일 있었어?', '친구들하고는 무슨 얘기했어?'

가만히 이야기를 나누다 보면 자기 성장 욕구에서 나오는 좋은 이야기를 서로에게 해주게 됩니다. 아이와 함께 대화함으로써 서로 배울 점, 개선할 부분 등 많은 것을 발견합니다. 물론, 공부에 대해서도 이야기 나눠보세요. '공부하면서 직관을 기르는 것일까?', '논리를 통한 추론은 정말 길러지는 것일까?', '외우기만 하는 것이 정말 내신 대비에 도움이 되나?' 등등 다양한 주제로 대화해보세요.

그런 방식으로 아이들과 함께 성장하는 시간을 갖습니다. 상위 1%의 공부법보다 중요한 것은 우리 아이들의 현실과 그들이 직면하는 문제 그리고 그것을 해결하는 방법입니다. 이것은 우리가 모두 같이 나아갈 수 있는 길임을 잊지 말아야 합니다.

내 아이를 믿는다는 것

06

자식농사에 성공한 부모들이
평소 애쓰는 것들

66 맘 카페에 나오는 자녀 성공 스토리의 90%는
과장된 거예요. 진짜 자녀교육 잘해서 성공한 부모는
맘 카페에 글을 안 올리거든요. 공부 잘하는 아이와
그 부모는 어딜 가도 공부 얘기 안 해요.
꼭 중간 정도 하는 엄마들이 나서길 좋아하죠.
그것도 딱 중학교까지요. 99

서울 중계동에서 수학전문학원을 운영하는 분이 있습니다. 그
분의 큰아들이 어느 날 집으로 돌아와서 "아버지, 제 수학 점수
가 좋지 않게 나왔어요. 아버지한테 피해가 갈까 봐 속상해요"
라고 말했다고 합니다. 그 이야기를 듣고, 정말 깜짝 놀랐다고
하시더라고요. 그분이 자식에게 절대 그런 압박을 줄 분은 아니
라는 것은 잘 알지요. 그런데 아들이 그런 이야기를 먼저 하니,
얼마나 미안한 마음인지, 아들과 여러 대화를 깊이 나눴다고 하
더라고요.

저도 가르치는 일을 20년 넘게 하다 보니, 잘 성장한 학생들이 꽤 있습니다. 하나같이 자기 성적을 드러내거나 자랑하는 성격이 아니었어요. 잘하는 아이들은 잘하는 대로 고충이 정말 많습니다. 기본적인 공부 머리, 잘 준비된 성실함, 예민하고, 승부욕 있고, 끈기와 집착, 체력이 있어야 그 정도의 성적을 유지할 수 있으니까요.

한번 잘한 것으로 대학 잘가는 '정시'도 있지만, 많은 부분이 생활에서 평가되기 때문에 아이들의 정서 관리가 참 쉽지 않습니다. 미국의 아이비리그 대학에 장학금으로 유학 갔다 한들, 미국 생활이 어디 그리 쉽나요? 아무리 영어를 잘해도 모국어로 영어를 사용한 아이들과 지내는 것은 커다란 장벽처럼 느껴진다는 이야기를 많이 들었고요. 공부할 때의 애로사항이 얼마나 많은지, 유학 온 아이들을 케어하는 홈스테이 사업을 하시는 분들에게 여러 이야기도 들었습니다. '그깟 유학, 돈 있으면 가는 거지'라는 생각은 일찌감치 하지 않게 되더라고요.

자녀교육 관련 서적에서 주장하는 전략적인 방법론에 시선을 돌릴 때 필요한 것은 비판적 사고입니다. 그 안에 담긴 방법론이 아이에게 필수적인지 따져보아야 합니다. 책 내용의 일부만 가지고 와서 아이와 비교해서는 안 됩니다. 책 내용으로 부모가 동기부여 받았다면, 그것은 부모의 자기계발을 위한 것이지,

그것을 그대로 아이에게 적용하는 것은 문제가 다릅니다.

인터넷의 맘 카페에서 자주 접하는 '자녀 성공 스토리'가 사실상 90%는 과장된 내용이라는 것을 아시나요? 실제로 자녀교육에 성공한 부모들은 그런 곳에 글을 올리지 않습니다. 성공의 정의는 각각 다르고, 그것을 달성하는 과정은 훨씬 복잡하며, 이를 향해 나아가는 것이 중요하다는 것을 그들은 깨닫게 되었으니까요. 자녀교육에서 성공한 부모들은 종종 그 경험이 본인에게 주어진 독특한 경험이며, 다른 사람과 비교할 수 없다는 사실을 인식합니다. 이러한 인식 때문에 그들은 다른 사람과 비교하여 자신의 경험을 드러내지 않습니다.

성공적인 부모들은 자녀에게 가장 중요한 가치관으로써 긍정적인 태도와 독립적인 사고를 심어주려고 애씁니다. 이러한 가치관은 외부적인 성과보다 내부적인 성장과 발전에 초점을 맞추며, 아이들이 어떤 상황에서도 문제를 해결하는 능력을 기르도록 합니다.

또한 자녀들이 그렇게 성공한 것은 사실 부모들이 아직 완성되지 않은 자녀의 개성을 존중하면서도 책임감과 인내심을 가르치고 오래 기다렸기 때문입니다. 이러한 가치관이 기반이 되어, 단순한 학업 성취 이상의 가치관 형성에 도움을 준 것입니다. 또한, 성공한 부모들은 외부적인 성과보다 내적인 성장을 강조하며 아이들을 그 수준으로 올렸을 가능성이 높습니다. 그래서 성공한 자녀들은 자신의 강점과 관심 분야를 발견하며, 타인의 평가보다 앞서 자신이 내세운 기준에 맞게 행동하는 법을 미리 배운 것이죠.

따라서 우리에게 진정으로 필요한 것은 눈에 보이는 성과가 아니라, 각자의 내면에 있는 가치와 개성을 발견하게 하고 발전시키는 것입니다. 우리 아이들과 그러한 가치를 이야기하는 부모가 되어야 합니다. 사람마다 다른 경험과 배경을 가진 모두가 각자의 방식으로 행복할 수 있도록 격려해야 합니다.

내 아이를 믿는다는 것

07

감정을 다루는 법:
부모 아이 관계에서 투사 이해하기

> 66 심리학 용어 중에 투사라는 용어가 있어요.
> 무의식중에 타인의 단점을 보는 거죠. 그런데 사실은
> 그게 다 부모의 단점이니까 자녀한테 그렇게
> 잘 보이는 거예요. 자녀는 부모의 보상 대상이 아니라
> 하나의 인격체라고 여겨야 해요.
> 자녀가 스스로 "나는 참 괜찮은 사람이야"라고
> 생각하고 행동할 수 있도록 해주세요. 99

심리학에서는 '투사'Projection라는 개념을 사용해 개인이 자기 내면 감정, 욕망, 충동을 외부 세계나 다른 사람에게 부여하거나 전가하는 현상을 설명합니다. 예를 들어, 머릿속이 복잡한 사람이 다른 사람에게 "네 생각이 너무 복잡한 거 같아"라고 말하는 것입니다. 이런 행위는 자신의 문제를 타인에게 투사하려는 방어기제로 볼 수 있습니다.

실제로 우리가 타인을 평가할 때, 그 평가는 대부분 우리 자

신의 경험과 가치관에 기반하고 있습니다. 이러한 경향은 특히 부모와 아이 관계에서 두드러집니다. 부모들은 종종 자신들의 실패나 미달점을 아이들에게 반영시키려 하며, 그 과정에서 아이들에게 지나치게 엄격하거나 비판적일 수 있습니다.

예를 들어 저는 어릴 때 법학과를 졸업하고 사법시험 준비를 했습니다. 그런데 제가 원하지 않았던 이 길은 실패로 끝났습니다. 나중에 알았지만 저는 당시 돌아가신 아버지의 바람을 따르려고 한 것일 뿐 제 심장으로 원하는 길은 아니었습니다. 그래서 공부하는 아들들에게 이 경험을 솔직하게 전달했습니다. 그 뒤로 저는 많은 공부에 도전했고, 실패한 경험에 따른 풍부한 도전 의식과 경험을 쌓을 수 있었습니다. 아들들에게는 공부와 도전이 중요하다는 것도 강조하지만, 실패를 겪었다고 해서 좌절할 필요는 없다고 격려했습니다.

멜라니 클라인의 "투사적 동일화" 개념은 심리학에서 매우 중요한 이론으로, 개인이 자신의 내면 감정을 외부로 투사하는 심리적 행위를 설명합니다. 이는 다른 사람의 감정이나 욕망을 자신의 것처럼 받아들여 경험하게 되는 것을 의미합니다. 클라인과 프로이트의 투사에 대한 이해는 약간 차이가 있습니다. 프로이트는 투사를 자신의 감정이나 욕망을 다른 사물이나 사람에게 전달하는 메커니즘으로 설명했습니다. 그러나 클라인은 투사적 동일화를 통해 상대방의 감정이나 욕망을 자신의 것으로 받아들여 경험하는 것에 초점을 맞추었습니다.

그러므로, 부모로서 아동 양육 과정에서 '투사적 동일화' 개념은 중요한 역할을 합니다. 복잡한 상호 관계 속에서 아동은 자신과 타인의 감정에 대해 어려움을 겪을 수 있습니다. 부모가 그러한 상황에서 아동에게 도움을 주려면 먼저 자기 스스로가 정확하게 감정을 인식하고 조절할 수 있는 능력, 그리고 이를 아동에게 가르칠 수 있는 방법론에 대해 충분히 숙지하고 있어야 합니다. 특히 현대 사회의 디지털 환경 속에서 아동들은 다양한 감정 정보와 만납니다. 이런 환경에서 부모가 직접적으로 모델 역할을 하며, 복잡한 감정 정보를 어떻게 해석하고 반응할 것인지 보여주고 가르치는 것은 매우 중요합니다.

부모로서 중요한 건 자녀가 어떻게 생각하고 있는지 진정으로 이해하려 하며 그 감정과 의견을 존중하는 것입니다. 모든 부모가 완벽할 수 없다는 걸 인식하면서 애정과 지지를 아끼지 말아야 합니다. 이는 아이가 자기감정을 인식하고 조절하는 능력을 키우는 데 도움이 됩니다. 그렇게 하면 아이들은 부모의 잘못된 투사를 받아들이지 않고 자신만의 정체성과 가치관을 형성할 수 있습니다.

아이들이 감정을 긍정적으로 해석하고 표현하는 능력을 키울 수 있게 초점을 맞춰야 합니다. 이를 위해, 자기감정을 효과적으로 조절하고 표현하는 모습을 보여줘야 합니다. 아이들에게 감정을 다루는 방법을 직접적으로 가르치는 것이지요.

하지만 이것만으로 충분하지 않습니다. 아이가 바람직한 감정 조절 능력을 발달시키려면 자신의 감정과 타인의 감정에 대한 깊은 인식과 이해가 필요하기 때문입니다. 이를 위해, 부모와 자녀 사이에 열린 대화가 필요합니다. 그러한 대화로, 아이들은 감정의 원인과 결과를 이해하고, 그러한 정보를 바탕으로 어떻게 반응할 것인지 결정할 수 있습니다.

결국 중요한 것은 부모가 자녀와 함께 성장하면서 상호작용하며 함께 배우며 성장한다는 사실입니다. 그 과정에서 알아낸 지혜와 경험이 쌓일 때 아이가 강점을 발휘하고 긍정적인 방향으로 성장하는 데 도움이 될 것입니다.

내 아이를 믿는다는 것

아이들에게 필요한 것은
지식 주입이 아닌 탐구력

❝ 21세기를 살아가는 아이를
20세기의 부모가
19세기 방식으로 교육할 수는 없습니다
단언컨대, 부모교육이 제일 어렵고 힘든 거예요. **❞**

얼마 전에 일론 머스크의 인터뷰 장면을 동영상으로 보았습니다. 그는 천재다운 모습으로 어떤 질문에도 막힘 없이 대답했습니다. 얼마나 머리가 좋으면 저렇게 빨리 유창하게 대답하는지, 시행착오를 얼마나 많이 겪었을지 가늠도 안 되더군요. 그런데 어찌된 일인지 그가 바로 답하지 못하는 질문이 있었어요. 20초 이상 골똘히 생각하는 질문이었는데, 그가 상당한 시간 동안 생각에 잠기는 장면이 인상적이었습니다. 질문은 이거였어요.

"이렇게 빨리 변화하는 세상에서 아이들을 어떻게 교육시키면 좋을까요?"

일론 머스크의 답은 이랬습니다. "아이들의 흥미에 집중해서, 다른 사람에게 도움이 되는 것이 무엇일까 생각하는 것." 이것은 현재 우리가 직면한 교육 환경에서 매우 중요한 접근법입니다. 아주 짧게 대답해서, 뭔가 좀 아쉬우면서도, 핵심이 담긴 듯한 대답이어서 오랫동안 기억에 남더라고요.

그의 인터뷰에서 드러난 교육에 대한 관점은 교육자나 부모로서 고민하는 모든 이에게 중요한 메시지를 전합니다. 21세기는 스마트폰, 인터넷, AI와 같은 최첨단 기술과 함께 빠르게 변화하고 있습니다. 19세기와 별반 달라지지 않은 교육방식과 접근법으로는 이 시대의 아이들을 이해하고 교육하는 데 한계가 많습니다.

심지어 18세기 철학자 장 자크 루소도 『에밀』에서 비슷한 관점을 제시했습니다. 그는 자연스러운 학습 과정과 아이 본인의 호기심과 흥미를 중시하는 교육철학을 주장했습니다. "아이는 작은 성인이 아니다. 그는 현재의 상태에서 완전한 존재로서 그 자체로 가치와 권리를 갖고 있다." 루소는 부모나 교사가 강제로 지식을 주입하기보다 아이 스스로 탐구하며 배울 수 있는 환경을 제공할 것을 강조했습니다. 21세기 아이들을 교육하는 데 있어서도, 루소의 이러한 관점은 유효합니다.

루소와 일론 머스크 모두 앞선 시대보다 훨씬 복잡하고 정

내 아이를 믿는다는 것

보가 넘치는 세상에서 어린아이들에게 필요한 것은 스스로 학습하고 탐구하는 능력을 키우는 것이라는 부분에서 관점을 같이합니다. 이런 능력은 아이들이 세상을 이해하고, 자신만의 길을 찾아 나서도록 도와줍니다.

아이들이 진정으로 관심을 가지고 무언가를 탐구한다면, 그 과정에서 필요한 지식과 능력 그리고 자기 주도적으로 학습하는 태도를 자연스럽게 발전시킬 수 있습니다. 그렇기에 부모와 교육자로서 우리가 해야 할 일은 아이들에게 정해진 길을 따라가게 하기보다는, 그들 스스로 흥미와 열정을 찾아낼 수 있도록 도와주는 것입니다. 그리고 그 흥미와 열정이 다른 사람들에게 어떻게 도움을 줄 수 있는지 함께 생각하고 고민하는 시간을 가지는 것입니다.

결국, 21세기의 교육 방식은 과거에 얽매이지 않고, 아이들의 흥미와 열정을 중심으로 그들이 스스로 세상을 이해하고, 그 속에서 자신만의 길을 찾아나가도록 돕는 것입니다. 아이가 자신의 흥미와 호기심을 따라 스스로 학습하는 과정을 지키면서, 그들에게 필요한 지원과 도움을 제공하는 것이 21세기 교육에서 담당해야 할 중요한 역할입니다.

잔소리 대신, 마음의 빚

66 "제발 공부 좀 해라." 많이 해보셨죠? 그때뿐이에요.
공부보다 더 잘하는 게 없으면 공부하는 게 맞아요.
솔직히 기본은 해야 하잖아요. 또 하나! 공부를 못해도 '대
화'를 자주 하세요. 부모와의 대화를 통해 심각한
'일탈'은 안 하게 돼요. 중고등학교 자녀에게는
백 마디 잔소리보다 마음에 빚을 지게 하세요.
어느 순간 아이가 정신을 차리고
책상에 앉는 모습을 보게 됩니다. 99

사람 마음의 복잡성을 이해하는 데는 다양한 접근법이 필요합
니다. 몇 가지 이론만으로 사람의 마음을 파악할 수는 없습니다.
철학에서 심리학을 독립시킨 윌리엄 제임스는 논리와 일관성으
로 설명되지 않는 마음에 대해, 과학적인 태도가 무엇이며 생각
하고 연구하는 모습은 어떤 것인가에 대해 『합리성의 감상』이라
는 에세이를 남겼습니다. 에세이의 핵심은 합리적 사고와 과학
적 접근 방식만이 진실을 추구하는 유일한 방법은 아니며, 인간
의 경험과 직관 그리고 감상도 합리성과 진리를 추구하는 과정

내 아이를 믿는다는 것

에서 중요한 역할을 한다는 것입니다.

마음의 복잡성에 대한 이해는 철학자들이 오랜 시간 동안 깊이 탐구해온 주제인데, 칸트와 헤겔을 중심으로 생각해 볼 수 있어요. 칸트의 인식론과 헤겔의 『정신현상학』을 통해 보면, 부모와 자녀 사이에 형성되는 '마음의 빚'이란 부모에 대한 고마움과 애착으로 해석될 수 있습니다. 이 '마음의 빚'은 발달심리학과 교육 영역에서 중요한 개념으로 활용되고 있습니다.

칸트는 우리가 세상을 인식하는 방식에 대해 깊게 탐구하였으며, 그의 인식론은 우리가 세상을 이해하는 것이 내면적 법칙으로 결정된다고 주장합니다. 이러한 관점에서 보면, '마음의 빚'은 부모와 자녀 사이에서 형성되며, 자녀가 부모에 대한 헌신과 사랑에 대하여 느끼는 감사감으로 해석될 수 있습니다.

반면 헤겔은 '상호주관성'Intersubjektivität의 중요성을 강조하였으며, 이를 바탕으로 나와 다른 사람과의 관계 속에서만 진정한 자아를 발견할 수 있다고 주장하였습니다. 자녀와 부모 사이의 애착 관계도 상호주관성 영역 안에 포함된다면, 자녀는 부모와 관계 속에서 스스로를 발견하고 '마음의 빚'이라는 감정을 형성할 수 있다고 보았습니다.

해리 할로우는 1950년대에 원숭이를 대상으로 애착에 관한 연구Harlow's studies on attachment in monkeys를 수행했습니다. 이 실험에서, 젊은 원숭이들은 두 가지 다른 '엄마' 모델 중 하나로 배정받았습니다. 하나는 철사로 만든 엄마이며, 다른 하나는 부드러운 천으로 덮인 엄마이지요. 철사 엄마는 원숭이에게 음식을 제공하는 기능이 있지만, 천 엄마는 음식을 제공하지 않았습니다. 연구 결과, 원숭이들은 대부분 시간을 천 엄마와 함께 보냈으며, 특히 무서운 상황이나 스트레스를 받을 때 천 엄마에게 달려갔습니다. 이 실험은 식사를 제공하는 철사 엄마보다 애착과 위안을 제공하는 천 엄마에게 더 큰 가치를 부여하고 있음을 보여주었습니다.

이 연구 결과에서 포나기와 프레벨 등 발달심리학자들이 많은 영감을 받아 정신화와 메타인지라는 개념을 도출하였으며, 이로부터 자기 통제력 및 자아 확립과 같은 성장 과정에 대한 새로운 이해를 얻게 되었습니다. 즉, 생리적 욕구가 충족된 이후에 아이는 안정적 애착으로 자기통제력을 갖게 된다는 통찰이었습니다.

청소년기가 되면서 자율성에 대한 욕구가 커진 아이들은 부모로부터 받았던 지원과 가르침에 대해 '마음의 빚'을 느끼며 그 의미를 내면화합니다. 여기서 '마음의 빚'은 강력한 도구가 됩니다. 부모가 아이에게 주는 사랑과 헌신을 인지하고 그에 대한 감사함을 느끼면, 아이는 책상에 앉아 공부하기 시작합니다. 중고등학교로 올라가며 자녀는 많은 변화와 도전에 직면하며 성장통을 겪습니다. 그렇기에 이 시기에는, 부모의 백 마디 잔소리보다 '마음의 빚'이 더 효과적입니다.

'마음의 빚'은 교육 영역에서 중요한 역할을 합니다. 자녀의 성장과 자아 확립을 도와주며, 부모와 자녀 사이의 감정적 연결을 강화시킵니다. 어릴 때 엄마가 힘들게 일해서 거칠어진 손을 보면 마음에 울컥해져서 정말 잠시라도 열심히 공부했던 순간이 있었지요? 어느 날, 혹시라도 우리 아이들이 철이 나서 이것을 이해하게 될 때, 자녀가 스스로 책상에 앉아 공부하는 모습을 보게 될지도 모릅니다. 이것은 단순한 학업의 성취가 아니라, 자녀 스스로 부모와의 관계에서 얻은 교훈을 바탕으로 성장하는 과정의 결과물이기에 소중해요.

따라서 중고등학교로 진학하는 아이들에게는 백 마디 잔소리보다 '마음의 빚'이 더 효과적일 수 있습니다. 이러한 부모와 자녀 사이의 감정적 연결을 강화시키며, 자녀의 내면 성장과 자아 확립을 도와주는 하나의 관점으로 생각해보면 좋겠습니다.

행복의 90%를 결정하는 것

> 66 "공부하자→그래야 잘 산다→그러면 행복하다."
> 틀린 말은 아니지만, 여기에 인생의 '소중한 가치'를
> 하나 더 넣어주세요.
> 그 가치는 집안의 분위기에서 자연스럽게 만들어집니다.
> 공부도 잘하고 사람 관계도 좋은 그런 아이가
> 세상의 가치를 실현하는 1등이 되거든요. 99

"엄마는 기승전공부야!" 저는 평소에 공부를 강요하지 않았다고 생각했지만, 아이들 시각에서 보면 다르게 느꼈던 것 같습니다. 그렇지만 공부하면서 의미를 곱씹어보는 연습과 그 과정은 절대 포기할 수 없다고 생각합니다.

공부하는 이유에 대해 아이들과 많이 나누는 생각이 있습니다. 사람은 지식을 습득하여 그것으로 세상과 자신을 이해하기 위한 도구로 사용합니다. 그렇기 때문에 우리가 어떤 것을 배우고, 왜 그것을 배우며, 어떻게 그것으로 의미를 찾아내는지 등에

내 아이를 믿는다는 것

대한 질문은 중요합니다. 먼저는, 우리가 살아가면서 지구와 세상의 여러 원리와 작동 방식을 이해하는 일은 필수입니다.

그렇다면 공부의 대상은 어디까지일까요? 우리의 감정과 생각이 주체적이 아니라 상황과 상대방에 의해 결정된다면, 이 모든 것도 공부의 대상이 됩니다. 사회라는 큰 집단 안에서 개인으로서 존재와 그 의미 그리고 권력관계를 이해하는 것도 공부입니다.

공부를 통해 사고의 깊이와 체계가 달라질 수 있기 때문에 세상을 이해하고 살아가기 위해서는 필수적입니다. 예컨대 넷플릭스 《지옥》 같은 콘텐츠를 보며 서양철학과 동양철학적 사고의 차이를 배우며 인간 존재와 절대자 간의 관계 등에 대한 철학적 질문을 제기할 수 있습니다.

제 친정 아버지는 무학이셨지만 딸에게 영향력 있는 경험을 선물해주셨습니다. 딸이 읽으면 좋다고 책 판매원 아저씨의 말을 듣고 세계문학전집을 사주셨죠. 저는 그 세계문학전집 중에서 펄벅의 『대지』를 읽고, 서양인 시선으로 바라본 중국 문화에 대한 다른 시각이 있다고 아들들에게 소개하기도 했습니다. 처음에는 대지의 주인공인 왕룽이 보였고, 사춘기에 접어들면서는 왕룽의 아내 '오란' 생각이 많이 났어요. 가부장적인 유교 가정에서의 그녀의 삶도 생각나고, 위기의 순간에 당당하게 자기 생각을 피력하는 장면도 생각났고요. 결혼한 후엔, 서양인의 눈으로 중국 여인의 삶을 그려내는 것과 실상은 어떻게 다른지 차이를 느낄 수 있었습니다. 이러한 것들을 다 안다 해서 반드시 행복하다고 할 순 없습니다. 하지만 이러한 지식을 아이들과 나누며 생각을 확장하면서 더 성숙해지고 깊어진 것은 분명합니다.

부모로서 우리가 아이들에게 전달해야 하는 메시지는 "공부하자 → 잘 살자 → 행복하자"라는 연결고리보다 더 복잡합니다. 세상을 이해하고 삶을 잘 살기 위한 준비 과정일 뿐만 아니라, 공부 자체가 가치 있는 일임을 인식시켜 주어야 합니다.

결국, 모든 학습과 경험은 우리의 삶에 더 깊은 의미를 부여하고, 그 의미를 통해 우리는 성숙하고 깊이 있는 사람으로 성장합니다. 이것이 바로 '공부 → 삶 → 행복'의 연결고리에 더해야 할 '가치'입니다. 우리가 배우고 학습하는 것이 우리 행복의 10%를 결정한다면, 90%는 우리가 거기에 부여하는 의미와 반응에 따라 결정됩니다. 어떤 경험이든 그 안에서 나만의 해석을 찾아내며 재구성함으로써 실패라 해도 의미를 부여할 수 있습니다. 이것이 바로 공부와 학습을 통해 얻을 수 있는 진정한 가치입니다. 그래서 저는 매일 공부합니다. 더 깊은 의미를 찾아내고, 더 행복해지기 위해서요.

엄마는 원래 위대하다

> 처음부터 강한 엄마는 없습니다.
> 내 자식 키우면서 단단해지는 거죠.
> 그래서 엄마는 위대한 거예요. 요즘은 '부모교육' 개념이
> 미디어나 대학 수업에서도 나오지만
> 전에는 거의 없었죠. 그래도 부모님들은
> 우리를 잘 키우셨습니다.
> 경험보다 더 위대한 건 이 세상에 없습니다.

여성들은 태어날 때부터 엄마로 태어나지 않습니다. 딸로 태어나서는 아빠와 엄마에게 사랑과 돌봄을 받으며 자랍니다. 그러다 어느 날, 새 생명을 갖게 되면서 '엄마'라는 새 역할을 경험합니다. 이 순간부터 우리는 자신도 모르게 엄마가 되어가는 과정을 시작합니다.

저는 딸 4명에 아들 1명인 1남 4녀 남매 중 둘째입니다. 이렇게 딸들의 세계에서 지내며 여중, 여고, 여대까지 나와서 이

세계에 익숙했습니다. 그런데 아들을 낳게 되었을 때, 그 순간은 정말 충격이었어요. 사실 저는 아들인 줄 몰랐어요. 임상병리사인 고등학교 동창이 초음파 검사를 해보더니 저에게 딸이라고 알려줘서 딸인 줄 알았거든요. 그래서 출산할 때까지, 딸을 기대했지요. 그런데 아들이 나오니 얼마나 놀랐는지요. 그 작은 첫 소리, 작은 아기의 모습, 그 순간의 놀라움은 말로 다 할 수 없을 정도로 감동적이었습니다. 아들을 키우며 여성으로서의 경험은 더욱 다양해지고 풍부해졌습니다.

처음에 저도 '엄마'라는 말이 너무 크고 부담스럽게 느껴졌습니다. 어떻게 이 막대한 책임과 사랑을 다룰 수 있을까 걱정했습니다. 당시 홀트아동복지단체의 홀트 여사가 버려진 아이들을 돌보는 다큐멘터리를 본 적이 있는데, 그분이 그러시더라고요. "저는 엄마라는 말을 감당할 수 없습니다. 그냥 '언니' 정도는 할 수 있을 거 같아요." 장애가 있는 많은 아이를 먹이고 입히고 돌보시는 분이 그런 말을 하는 인터뷰를 들으니, 엄마라는 역할을 받아들이는 것이 큰일이라는 생각이 들었어요. 그래서 저는 '엄마'라는 말이 너무 크게 느껴져, 그냥 '누나' 정도로 생각하며 아이를 키우기 시작했습니다. 또 키우다 너무 힘들면, 인류애적인 사랑으로 울게 두면 안 되니까 한번 더 안아준다는 마음으로요. '엄마'라는 말은 너무 헌신적이어서 제 뼈가 다 녹을 거 같았거든요. 참 우습지요?

처음부터 강한 엄마로 태어나진 않습니다. 자식과 함께 성장하며 자신도 변화하고 성장하는 것입니다. 그 과정에서 여성은 위대함을 찾아내고, 이 위대함은 우리 안에 이미 있는 강인함과 용기, 헌신과 사랑을 깨웁니다. 저도 두 아들을 키우면서 엄마가 되었습니다. 아이가 아파서 병원에서 밤샘 진료를 받거나, 다치거나 첫걸음을 하거나 첫 단어를 말할 때의 기쁨까지, 모든 것이 저를 성장시켰습니다. 처음에는 아들과의 관계에 익숙하지 않았고, 어떻게 해야 할지 막막한 순간도 많았습니다. 그런데 시간이 지나면서, 아이들과 함께 보낸 순간이 제 인생에서 가장 소중한 순간이 되었습니다. 아이를 키우며 겪은 어려움과 고통, 기쁨과 사랑 모든 것이 저를 강화시켰습니다.

이런 과정은 쉽지 않습니다. 아이들의 성장과 함께 변화하고 발전하는 것은 때로는 어려움과 희생을 동반합니다. 그러나 이 모든 것은 우리를 더 강하고, 더 크게 만듭니다. 엄마가 되면서 다른 차원의 성숙한 인간이 되어가는 것 같아요. 아이들이 자랄 때마다 우리의 역할도 함께 변화하며 발전해 나갑니다. 그리고 이 변화와 성장은 우리가 더 나은 엄마가 되기 위한 과정이기도 합니다.

그래서 저는 말하고 싶습니다. 처음부터 완벽한 엄마가 될 필요는 없습니다. 오직 자신의 아이를 사랑하며 그들에게 최선을 다하는 마음만 있으면 됩니다. 그렇게 하면 시간이 지남에 따라 당신은 점점 더 강한 엄마가 될 것입니다.

결국, '엄마'의 위대함은 자식을 키우면서 스스로 성장해가는 과정에서 드러납니다. 이것이 바로 '엄마'라는 말 속에 내재된 진정한 의미와 가치입니다. 엄마로서의 역할은 위대하며, 그 과정에서 우리는 더 나은 세상을 만들어 나갑니다.

12

아타락시아:
부모가 줄 수 있는 가장 큰 선물

66 자녀교육에서 기쁨보다는 고난이 더 많지만
마치 즐거운 듯이 대화하고 매사에 웃으면
성공할 수 있어요. 행복의 결정 요인은
작은 행복에 감사하며 강도보다는 횟수를 늘리는 거예요.
아이들을 보며 작은 것에도 의미를 부여해보세요. 99

애착 이론을 개발한 존 볼비와 메리 에인스워스의 연구는 부모
와 자녀 간의 강한 정서적 연결을 강조합니다. 이 연결은 웃음과
대화, 그리고 함께하는 긍정적인 경험에서 비롯된다는 사실을
우리는 알고 있습니다. 심리학자 윌리엄 제임스의 말처럼 "행복
해서 웃는 것이 아니라, 웃다 보면 행복해진다"라는 원리가 여
기에 적용된다는 것을요.

웃음이란 무엇일까요? 웃음은 부모와 자녀 사이의 원활한
소통을 의미합니다. 웃음이 가능하다는 것은 부모와 자녀 간에

서로 이해하고 존중하는 관계가 있다는 것을 의미합니다. 이런 관계 속에서 자녀는 안전한 애착을 형성하며 성장하게 됩니다. 이러한 관계는 고대 그리스의 철학 용어인 '아타락시아'를 떠올리게 합니다.

　'아타락시아'는 '무동요' 또는 '평온함'을 의미하는 고대 그리스어입니다. 이는 마음의 평온함과 내적 안정을 찾아가는 과정을 나타내며, 이를 통해 인간은 더 행복하고 만족스러운 삶을 살 수 있다는 생각을 담고 있습니다. 이 용어는 고대 그리스 철학에서 주로 사용되었으며, 에픽테토스Epictetus, 에피쿠로스 Epicurus 등의 철학자들이 내적 평온과 스스로 통제하는 삶의 중요성을 부여했습니다. 아타락시아는 외부의 환경이나 상황에 영향을 받지 않고 내면에서 평화를 찾는 것을 강조하며, 이를 통해 인간은 더 행복하고 만족스러운 삶을 살 수 있다는 생각이 포함된 개념이에요.

　퓌론이라는 고대 그리스의 철학자는 이 '아타락시아'를 행복의 기준으로 삼았습니다. 퓌론의 이야기를 통해 '아타락시아'의 중요성을 알 수 있습니다. 퓌론은 여행 중 풍랑에 직면했지만, 그는 평온하게 대처했습니다. 배가 뒤집어질 듯한 상황에서 승객들은 공포에 질려 아우성을 쳤으며, 울고불고 난리였습니다. 그러나 퓌론만은 평화로운 표정을 지으며 마치 아무 일도 없는 듯했습니다. 주변 사람들은 그의 침착함에 궁금해하며 어떻게 그럴 수 있는지 물었습니다. 퓌론은 한쪽 모퉁이에서 조용히 먹고 있는 돼지를 가리키며 이야기를 시작했습니다. "이것이 바로 지혜로운 사람이 가져야 할 마음의 상태, 아타락시아입니다." 에포케의 마음, 즉 판단중지를 하고 현실을 있는 그대로 수용하면서도 그 안에서 평온함을 유지하는 능력인 아타락시아를 지키라는 말이었죠.

이러한 평온함은 부모가 자녀에게 모범을 보여주는 가장 좋은 방법입니다. 아이들은 우리가 보여주는 태도와 행동을 배우며 성장하게 됩니다. 나중에 아이들은 알게 될 거예요. 어려운 순간에도 부모들이 얼마나 평정한 마음으로 자신들을 대하고 문제를 의연하게 해결하려 했는지를요. 아타락시아의 상징인 미소는 부모와 자녀 간의 소통을 개선하는 데 도움이 됩니다. 미소는 어떠한 어려움에도 긍정적으로 대처하는 마음가짐을 상징하며, 자녀에게 힘이 되어줍니다. 또한, 우리가 웃으며 자녀와 이야기를 나누다 보면, 아이들도 부모와 더 가까이 소통하려고 노력하게 됩니다.

자녀교육에서 '아타락시아' 개념을 적용하면 어떤 어려움에도 무동요하게 대처하고, 웃음과 즐거움을 유지하며 자녀와 함께 성장할 수 있습니다. 이렇게 함께 성장하는 과정에서 자녀는 어려움을 극복하고 자기 통제력을 키우는 법을 배웁니다. 이는 자녀에게 전달할 수 있는 가장 소중한 선물이며, 이를 통해 우리는 자녀와 함께 더 의미 있는 삶을 살아갈 수 있습니다. 이러한 순간들이 자녀의 기억 속에 남아 긍정적인 영향을 미치게 될 것입니다.

아타락시아와 함께 자녀를 키우는 것은 마법 같은 여정입니다. 이것은 부모로서 우리가 줄 수 있는 가장 소중한 선물 중 하나입니다. 부모교육은 이처럼 아타락시아의 미소와 평온함을 갖고 자녀와 함께 살아가는 과정입니다. 이를 통해 우리는 자녀에게 긍정적인 가치와 내면의 힘을 전달하고, 함께한 순간을 소중하게 만들어갑니다.

아타락시아의 마법은 부모교육에서 중요한 원칙을 나타냅니다. 어려운 상황에서도 동요 없이 대처하고, 자녀와 함께 웃음과 즐거움을 나누며 삶을 즐기는 방법과 태도에 대해 말하니까요. 이런 가르침은 우리가 부모로서 자녀에게 전해줄 수 있는 가장 소중한 선물이 될 것이라 기대합니다.

5부

모두가 함께
행복한 공부

나처럼 사는 건 나밖에 없어요

> 66 타고난 기질, 성향, 체형은 바꿀 수 없어요.
> 바꾸려고 하지 말고 장점을 발견하고 더 발전시키세요.
> 내 배 아파서 난 아이, 얼마나 소중하고 감사한지요.
> 세상에 처음 나와 부모와 눈이 마주친 순간을 기억하세요.
> 그리고 얘기해보세요.
> "내 아이로 태어나 줘서 너무 고맙다"라고. 99

'타고난' 기질, 성향, 체형은 변하지 않지만, 그것이 우리의 한계가 되어서는 안 됩니다. 저는 수학적 개념인 함수의 극한을 생각하며 이를 깨달았습니다. 함수의 극한은 어떤 값을 무한에 가까워지게 하는 개념으로, 우리 인생에서도 자신의 기질과 성향을 극한에 도달하려고 하는 노력을 상징하지요.

수학에서는 공리로부터 시작하여 복잡한 수식까지 나아가는 과정이 저에게 언제나 새로운 지평을 열어주었습니다. 그런 과정에서 인간의 한계에 대해 다시 생각하게 되었습니다. 인류에게 극단의 상황이란 무엇일까? 순간에서의 접선 변화율처럼 이러한 운동의 변화를 만들어가는 본질적인 변화가 가능하게 하는 그런 순간 말이죠.

저는 그때 유대인들의 홀로코스트가 떠올랐어요. 심리학을 공부하니, 빅터 플랭클의 『죽음의 수용소에서』가 필독서가 되었고, 정말 여러 번 그 책을 읽었습니다. 20살에, 30대 교육철학을 공부할 때도 읽었습니다. 그러다가 40대에 읽은 빅터 프랭클의 책은, 정말 지긋지긋하게 인간이기를 포기한 자들과 어떻게 살아가며, 그곳에서 인간으로 존재할 수 있는지에 관해 조금 힌트를 주는 듯했습니다.

홀로코스트 시기에도 인간성을 잃지 않으려 애쓴 사람들처럼, 우리 각자도 타고난 기질과 성향 안에서 자신만의 방식으로 삶을 살아나가야 한다는 것을요. 빅터 프랭클 박사는 어둠 속에서도 자유와 존엄성을 찾아내며 인간의 위대한 힘을 보여주었습니다.

저는 "타고난"이란 단어가 징글징글했습니다. 저는 제가 마음에 들지 않았습니다. 그러던 어느 날, 저밖에 저를 사랑하는 사람이 없다는 사실을 불현듯 깨달았습니다. 사랑해야 할 최우선 순위가 나 자신임을 알게 된 날이었습니다. 그날 저는 타고난 기질을 사랑하기로 마음먹었습니다. 그리고 타고난 그 기질을 꼭 껴안고 힘차게 살아보기로 결심했습니다. 그리고 나니 내가 평소 몰랐던 다른 차원이 열리면서 제가 하고 싶은 일, 계획하는 일, 할 수 있고 알게 된 일들에 대한 인식이 바뀌면서 사는 게 신이 났던 기억이 납니다.

타고난 기질과 성향은 바꿀 수 없다면서 너무 자신을 단정 짓거나 포기하지 말아야 합니다. 오히려 그것들이 우리를 독특하게 만드는 요소라고 생각해야 합니다. 각자 가진 타고난 요소를 바꾸려 하지 말고 그 안에서 장점과 가능성을 찾으며 발전시켜 나가야 합니다. 이 세상에서 가장 특별한 우리 아이, 특별한 자기 자신을 기대하면서 말이에요. 심리학 용어로 '승화'라는 과정을 통해, 단점이었던 내 기질이 장점으로 바뀌는 순간을 맞이하게 될 것입니다.

내 힘으로는 바꿀 수 없는, 어떤 극단적인 상황에서도 자유를 꿈꾸며 인간의 존엄성을 지킨 빅터 프랭클 박사처럼, 우리도 개개인의 개성과 잠재력을 최대한 발휘하면서 살아갈 수 있을 거예요. 세상에서 가장 특별한 아이, 특별한 나 자신을 사랑하고 기대하는 마음으로, '타고난' 그대로의 나를 받아들이며 성장해 나갈 힘을 얻게 될 것입니다.

죄책감을 성장의 기회로 바꾸기

✳

> 66 맞벌이한다고 해서
> 자녀에게 늘 미안한 마음을 갖지 마세요.
> 부모의 자아가 실현되어야 자녀도 행복해요.
> 직접 양육을 못 해서 늘 미안한 마음인 세상의 모든 부모님들!
> 지금 충분히 잘하고 있어요.
> 양육자의 태도와 행동이 더 중요하다는 걸 기억하세요. 99

맞벌이 부모들은 자녀에게 충분한 시간을 할애하지 못하는 것에 대해 종종 죄책감을 느낍니다. 하지만 이러한 감정은 필요 이상으로 부풀려진 것일 수 있습니다. 사실, 부모의 자아실현과 그로 인한 성취감이 자녀의 행복에도 중요합니다.

연구 결과를 보면, 시간의 양보다 중요한 것은 양육의 질입니다. 아무리 바쁘더라도 아이와 의미 있는 대화를 나누고 공감할 수 있다면, 그것만으로도 충분합니다. 심지어 맞벌이 가정에서 자란 아이들은 독립적인 성격과 책임감을 배울 기회가 더 많다는 연구 결과도 있습니다.

따라서 우리는 미안함보다는 우리가 할 수 있는 범위 내에서 아이와 함께하는 방법에 초점을 맞추어야 합니다. 때로는 과제나 일상생활에서 도움을 요청하며, 서로 협력하는 방식으로 가치 있는 시간을 보내면 좋겠습니다.

그럼에도 불구하고, 맞벌이 부모들은 종종 죄책감에 사로잡힙니다. 이러한 감정 때문에 아이들이 문제를 일으킬 때 그 신호를 잘못 해석할 수 있습니다. 예를 들어, 숙제를 잃어버리거나 숙제를 제출하지 않으면서 거짓말하는 경우입니다. 그런 선례가 많았던 친구인데, 보조 선생님한테 숙제를 내지 않고 자꾸 냈다고 거짓말을 하는 거예요. 보조 선생님이 그 아이의 숙제를 찾느라, 폐휴지함과 학원을 다 뒤져도 찾지 못할 때가 많았고요.

이럴 때 중요한 것은 문제 상황 속에서 아이의 감정과 행동을 정확하게 이해하고 대응하는 것입니다. 위 사례처럼 숙제 관련 문제가 발생했다면, 당장 혼내기보다는 왜 그런 일이 발생했는지 파악하는 것부터 시작해야 합니다. 아이에게 요즘 사는 게 어떠냐고 물어봤지요. 우리 민정이(가명)는 어머님이 일하셔서 잘 못 챙겨줄 수도 있는데 공부를 정말 열심히 하는구나, 엄마는 좋겠다, 그래도 뭔가 요즘 힘든 일이 있는 거 같다면서 아이 마음을 읽어주기 시작했어요. 그랬더니 아이가 요즘 새로운 영어 학원을 다니기 시작했는데 너무 힘들고 숙제가 많아서 잠을 제대로 잘 수 없다고 말하기 시작하더라고요.

그래서 제가 말했어요. "민정이는 잘하고 싶은 게 많구나, 그래서 참 힘들겠다. 엄마는 민정이가 든든하기는 하지만 이렇게까지 힘든 건 모르셨을 거야. 그럴 때는 선생님도 엄마도 민정이가 좀 쉬어 가도 된다고 생각하니까 숙제가 많으면 이야기하렴." 영어학원이 적응될 때까지 숙제를 반만 내줄 테니까, 잘해 올 수 있느냐고 물었죠. 그랬더니 그러면 좋겠다고 하더라고요. 초등학교 6학년인데 벌써 어른이랑 이렇게 타협하고 이야기할 줄 아니 성숙한 아이가 맞는 거죠.

아주 소중한 교훈을 얻었습니다. 민정이가 그랬듯이, 아이들은 스스로 문제를 인식하고 해결하는 방법을 배울 수 있습니다. 부모들 역시 그 과정에서 자신의 역할을 재조정하고, 필요한 경우 전문가의 도움을 청하는 등 다양한 방법으로 성장할 수 있습니다. 결국, 맞벌이 상황이라고 해도 스스로와 자녀 모두에게 성장의 기회를 줍니다. 이렇게 함께 성장하며 행복해지는 가정을 만드는 것이 중요합니다.

인생에서 풀리지 않는
큰 질문에 감사하라

66 육아에 대한 부담감과 죄책감이 있다고 해서
자녀를 잘 키우는 건 아니에요.
부모도 현실에 부딪치면서 진정한 부모가 되는 거니까요.
자녀교육에도 순서가 있어요. 가끔 육아에 대해 고민하는
부분이 엉뚱한 데를 바라보는 경우가 있어요.
먼저 부모부터 정서적 안정을 찾는 게 중요합니다. 99

제 큰아들은 태아 시절부터 특별한 도전을 겪어야 했습니다. 의
사로부터 아이에게 수신증水腎症이 있다는 소식을 임신 7개월 차
에 들었어요. 수신증이란 신장에 물이 차거나 이상 원인으로 인
해 신장 크기가 달라지는 현상입니다. 9개월 차에 접어들자 4
단계로 그 격차가 최대치로 벌어지는 상황이라서 유도분만으로
아이를 낳게 되었습니다. 다행히 커가면서 정상 수준으로 돌아
왔고, 지금은 이상 없이 잘 지내고 있습니다.

하지만 그 과정에서 저는 엄청난 스트레스를 겪었습니다. 제왕절개 수술 후 3일 만에 일어나 남편과 함께 병원을 다니며 여러 검사를 받았고, 의사의 말 한마디 한마디가 천국과 지옥을 오가게 했습니다. 출산 초기에 저는 자신을 탓하며 많은 고통과 죄책감을 느꼈습니다. 제가 혹시 뭘 잘못해서 아이가 아픈 게 아닌가 매일 울기도 많이 울었습니다. 경감되지 않는 고통이 계속되는, 신경의 날이 서는 정신상태를 경험하게 되었습니다.

부담감과 죄책감은 그냥 본능적으로 생기는 감정이더라고요. 힘들 때는 당연히 불쑥불쑥 더 치고 올라와 사람을 괴롭히고요. 감정을 더 많이 소모한들 문제는 해결되지 않았고, 시간이 지나며 아이들도 커갔으므로 마냥 감정대로 살 수도 없었습니다. 그래서 달라지기 시작했습니다. 내가 바꿀 수 없는 과거와 미래를 바라보며 불안해하지 않기로요. 대신 지금 여기서 내가 할 수 있는 일에만 집중하기로 했습니다. 하루하루 최선을 다해 살아내면 그것으로 충분하다고 받아들이기 시작했어요.

시간이 지나면서 깨닫게 된 것은, 부담감과 죄책감보다 중요한 것은 '현재'와 '미래'라는 것입니다. 부모로서 가장 중요한 것은 과거의 오류나 실패보다 현재 자녀의 상황에 집중하고 앞으로 어떻게 해야 할지 계획하는 것입니다. 그렇게 마음을 바꾸자 제 아들들도 잘 자랐습니다. 삶 속에서 제 역할과 일에 집중

내 아이를 믿는다는 것

함으로써, 부담감과 죄책감 없이도 아이들은 성장했습니다. 그 과정에서 저는 자기 삶을 살아가며, 아이들 가르치는 일도 하고, 공부하고 교수님께 페이퍼를 가져가 피드백받고, 책 읽고 숙제하며 알차게 시간을 보냈지요.

한번은 아들이 이렇게 말해요. "엄마, 어떻게 시험이 이렇게 계획대로 안 풀릴 수가 있지?" 얼굴이 벌게져서 눈에 핏대를 세우면서 분해서 묻는 거였어요. 그래서 아들에게 말했습니다. "계획대로 되는 게 있다고 생각하니? 아이고, 이 자식아 겸손해라! 공부할 수 있는 컨디션이 되는 날도 정말 적다. 시간 있을 때 형편 될 때 겸손한 마음, 감사한 마음으로 살아라!"

모든 부모는 어려움에 직면하면서 진정한 부모로 성장합니다. 인생에서 풀리지 않는 큰 질문이 있고, 답을 알지 못하는 여러 질문에 대해 왜 이런 게 있느냐고 소리치기보다, "아~ 그런 문제들이 있지. 모르는 게 좀 많지. 좀 더 살아보자. 혹시? 나중에 알게 될까?" 이렇게 생각할 여유가 이제 조금 생겼습니다.

아이에게서 초능력이 나올 때

❝ 엄마의 에고ego가 강하면 자녀가 금방 지쳐요.
자아는 자기가 잘 모르는 걸 안다고 착각하게 하거든요.
자기애착이 강한 부모는 자녀를 일관되게
밀어붙이는 경향이 있어요.
이는 자녀에게 과도한 심리적 압박을 주고, 부모에 대한
인정 버튼이 작동되지 않으면 자녀는 금방 지쳐요. ❞

상담을 진행하며 종종 부모들이 자신의 어린 시절 경험을 과장해 아이에게 적용하는 경우를 관찰하곤 합니다. 예를 들어, 중학교 때 한 번 1등을 해보았다면 마치 중학교 내내 그렇게 했던 것처럼, 그리고 100점 맞은 적은 딱 한 번 있는데, 마치 항상 그랬던 것처럼 말입니다. 시간이 흐르면서 자기 경험을 재해석하고 아이들을 위한 교육용으로 유용하다 생각되면 그 기억이 더 과장되는 경우는 셀 수도 없이 많지요. 그러나 아이들은 부모의 과장된 기억에 대해 '그래? 한번 성적표를 떼어보자!' 하고 도전하지 않으니 얼마나 다행입니까!

내 아이를 믿는다는 것

여기서 프로이드가 이야기한 '에고'ego 개념을 알고 가면 좋겠습니다. 에고는 자아의 일부로, 현실과 욕구, 사회적 규범 사이에서 조화를 이루려고 노력하는 인지 구조입니다. 에고는 현실과 타협하며 욕구 충족과 사회적 요구 사항 간의 조절을 담당합니다. 이것은 때때로 부모가 자신의 경험이나 지식으로 자녀를 가르치려는 경향성에서 비롯됩니다. 눈을 번뜩이며 확신에 찬 엄마의 이론보다 더 강한 신조는 이 세상에 없지 않겠어요? 그래서 애를 잡겠죠.

그 엄마가 바로 저였습니다. 의학과 박사과정에서 세부 전공으로 임상상담심리를 전공한다는 제가, 그 유명한 MBTI 신봉자였는데요, 그것도 아주 이상한 신봉자였죠. MBTI는 홈스쿨링으로 자녀들을 키우는 사람들이 자신과 타인의 차이점을 이해하고 협력하는 데 도움을 주기 위한 목적으로 메이어와 그의 딸이 만들었습니다. 세상을 인식하고 생각하는 방법을 가르치려는 목적으로 만들어진 심리도구죠.

저와 남편 모두 INTJ 유형으로 분류되었기에 우리 아들도 당연히 INTJ일 거라 믿고 있었습니다. 하지만 실제로 우리 아들은 ESFJ 유형이었습니다. 이게 말이 되나요? 정말 출발부터 어이가 없지요? 우린 둘 다 아이들 가르치는 일을 20년 이상 한 사람인데도 말이지요.

저희는 아들을 우리가 좋아하는 방식으로 공부를 시켜온 거예요. 제일 유능한 선생님을 찾아서 잘못한 점, 오류를 딱딱 짚어서 모르는 것을 알려주는 식의 과외 말이죠. 그런데 아들이 너무 스트레스를 받는 거예요. 가끔 공부가 하기 싫어서 엉엉 울기도 했답니다. 이유가 뭘까요? 우리 아들은 ESFJ였던 거죠. 저는 아들이 제일 실력 좋은 선생님과 혼자 모르는 부분만 딱 공부하면 잘되는 사람으로 알고 있었던 겁니다.

그러나 우리 아이는 그런 아이가 아니었어요. 아이는 '옳지, 옳지! 나는 네가 이렇게 잘할 줄 믿고 있었어' 하는 선생님의 격려를 받으면 초능력이 나오는 유형이었던 거지요. 정말 제 아이에 대해 이렇게 문외한이니, 내가 누구한테 훈수를 둘 수 있나 생각한 적도 있었어요. 그래서 지금은 항상 물어보죠. "엄마는 이렇게 생각하는데, 너는 어때?" 하면서 대화하려고 애씁니다.

각각의 아이는 서로 다른 학습 스타일과 성장 속도를 가지고 있으므로, 부모가 그 차이점을 인정하고 수용할 필요가 있습니다. 이제까지 살아온 경험과 지식을 기반으로 아이를 가르치려는 태도를 내려놓게 되었습니다. 아이는 바라보는 관점이 저와는 많이 다르다는 것을, 그리고 그 차이에서 새로운 시작이 존재한다는 것을 깨달았어요. 그래서 어떤 관점을 고수하는 것이 굉장히 위험하다는 것을 알게 되었죠.

내 아이를 믿는다는 것

모든 부모는 아이의 눈높이에서 보고, 그들의 성장 속도와 방식을 존중해야 합니다. 이것은 우리가 자신의 에고를 내려놓고 오직 아이만을 위한 시선으로 바라볼 때 요구되는 역량입니다. 부모가 과잉 자아를 가지고 있어서 아이를 힘들게 하면 안 되겠지요? 우리 모두가 이러한 마음가짐으로 장기적인 관점에서 자녀의 성장을 돕는 부모가 될 수 있기를 바랍니다.

강점 중심의 아이 교육: 긍정심리학의 힘

66 세상에 나오는 동기부여 책들이
오히려 동기부여를 막는 경우가 있어요.
자녀와 소소한 일상부터 이야기해보세요.
의외로 부모가 모르는 아이의 새로운 모습이 보일 거예요.
공부를 잘하니까 대화를 하는 게 아니라 공부를 잘 못해도
꾸준한 대화는 공부 그 이상의 가치를 알려줄 수 있습니다. 99

동기부여 책들이 오히려 동기부여를 막는다고 느껴진 적 있나요? 그 이유는 대개 과도한 칭찬이 아이의 자아를 과장시키거나, 지나친 성취지향적 목표가 아이들을 스트레스로 몰아넣기 때문입니다. 그러나 아이에게 잘 표현하지 않으면, 과잉인정 활동을 하게 만들거나 완벽주의 성향을 갖게 될 수 있으니 어떻게 칭찬할지 고민해야 합니다. 많은 연구 결과가 밝히듯이 적절한 피드백은 아이들의 자기 효능감과 학업 성취감을 올려줍니다. 그렇다면 어떤 것이 '적절한' 것일까요?

일단 저는 기준을 바꾸고 싶어요. 심리학에서 큰 흐름이 바뀐 시기가 있었지요. 심리를 밝혀내 사람의 병리학적 상태의 원인을 찾아보고 왜 '정상적'인 삶을 살지 못하느냐에 심리학 전체가 매달린 적이 있었어요. 프로이트 정신분석학으로 대표하는 이러한 생각은, 문제의 원인을 인간의 아픈 마음에서 출발해 들여다보자는 생각이었어요. 하지만 그런 접근으로 밝혀내면 낼수록 노력해서 '0점'(마이너스에서 0으로)을 받으려는 노력밖에 안 되는 것 아니냐고 생각하게 되었고, 잘하는 것을 더 잘하게 하여 인간이 성장을 통해 성숙에 이르게 하는 방법이 무엇이냐로 질문을 전환하게 된 것이죠.

그것이 바로 '긍정심리학Positive Psychology'의 출발이었습니다. 긍정심리학은 심리학의 한 분야로, 개인의 강점, 성장, 행복, 만족감 등 긍정적인 측면을 연구하고 강조하는 학문입니다. 이 분야는 기존의 심리학이 '문제 중심' 접근에서 벗어나, 인간의 잠재력을 최대한 발휘하고 긍정적인 경험을 증진하는 데 중점을 둡니다.

이러한 발상의 전환을 아이들에게 적용해보는 것이 어떨까요? 긍정심리학 관점을 적용한다면, 아이의 현재 상태를 0이나 마이너스로 간주하지 말고, 이미 보유한 '플러스'를 인식하고 그 위에서 성장할 수 있도록 돕는 것이 중요하겠죠. 또한 '마이너스'인 곳에 신경을 쓰기보다는 지금 '플러스'인 곳을 찾아 아이의 자존감과 자신감 그리고 자기 통제감을 기를 수 있는지 알아봐야겠지요?

갤럽 프레스'의 연구 결과인 『위대한 나의 발견☆강점혁명』에서는 개인의 장점과 특성을 찾아내 그 위에서 성장할 수 있는 강점 기반 접근법을 제안합니다. 이 책은 출간된 지 20년이 지난 지금도 계속 업데이트되며, 강점을 기반으로 한 개인 및 조직 발전 전략에 대한 실질적인 가이드라인을 제공합니다.

저의 강점은 ①전략, ②배움, ③행동, ④공감, ⑤개별화 이렇게 5가지로 파악되었습니다. 저는 이 테마에 맞게 어떻게 하면 부모나 선생님들이 시행착오를 덜 하면서 아이들의 성장에 도움이 될 수 있는 '전략'으로 지식을 모으는 '배움'을 실천하고 있습니다. 또한 학부모 상담을 많이 진행하면서 직접 '행동' 하며 상담하고 있죠. 또한 아이들과 상담한 일지를 쓰면서 어떤 부분에 대한 '공감'이 부족했는지 분석하고 알아봅니다. 예전에 20:1로 하던 수업을 1:1 '개별' 수업으로 바꾼 후 성장하는 아이와 저의 모습에서 더 큰 행복감을 느끼며 살고 있어요. 이처럼 기준점에 해당하는 '0점'과 '-점'에 해당하는 모습보다는 이미 '+' 점수에 해당하는 삶을 강화하고 발전시키는 것이 행복한 삶과 성장하는 삶에 도움이 된다고 강조해요.

내 아이를 믿는다는 것

이런 방식으로 자녀와 소소한 대화를 나누며 일상에서 보여주는 작은 성취들에 집중해보세요. 작은 성취란 예를 들면, 깔끔하게 정리된 방, 숙제 완성 등 일상적인 활동에서 보여주는 노력과 결과입니다. 이런 작은 성취가 모여 큰 자신감과 자존감으로 연결됩니다. 따라서 부모로서 해야 할 일은 자녀가 작은 일에서도 성취감과 만족감을 느낄 수 있도록 칭찬하고 격려하는 것입니다.

이런 방식으로 자녀를 돕다 보면, 아이들은 스스로 필요한 것을 알아내고 그것을 이루기 위해 노력하는 법을 배울 수 있습니다. 이는 큰 성공보다 훨씬 가치 있는 경험입니다. 이런 작은 성취의 연속이 결국 큰 성장으로 이어지기 때문입니다.

06

어릴 때부터 '품격'이 뭔지를
알게 해주세요

> 66 자녀에게 먼저 가르쳐야 할 것은
> '아비투스'(타인과 나를 구분 짓는 품격)입니다.
> 좋은 아비투스를 가진 자녀는 성공할 확률이 훨씬 높습
> 니다. 이런 자녀는 부정적인 피드백을 받아도
> 의기소침하지 않고, 실수해도 우울해하지 않습니다.
> 꼭 주인공이 되지 않더라도 주변을 챙기는
> 안정적인 정서를 가지게 될 테니까요. 99

언어와 문학 박사인 도리스 메르틴의 책 『아비투스』는 성공한 사람들의 삶의 태도, 그 이상의 '아비투스'라는 개념을 소개하고 있습니다. '아비투스'란 타인과 나를 구별 짓는 취향, 습관, 아우라를 의미하며, 제2의 본성 혹은 계층 및 사회적 지위를 반영하는 요소입니다.

이 책에서 메르틴은 상류층 사람들의 아비투스가 자기계발을 목표로 하는 사람들에게 중요한 태도라고 설명합니다. (참 불

내 아이를 믿는다는 것

편한 이야기입니다. 상류층, 중산층, 하류층을 전제로 하니까요. 그러나 이 책을 읽으면서 작가의 생각에 대해 동의하지 않을 수 없었습니다.) 이 주장에 접근해보면, 우리 모두가 인간으로서 자아실현 욕구를 가지고 있으며, 그런 삶의 태도로 내 삶을 성공시키고 싶다는 욕구가 있음을 부정할 수 없습니다.

여기서 중요한 점은 '아비투스'가 단지 성공만을 위한 것이 아니라 인간관계와 전반적인 삶에서 긍정적인 영향력을 미칠 수 있다는 것입니다. 조지 버나드 쇼의 소설 『피그말리온』에서 일라이자Doolittle Eliza라는 등장인물이 그 예시입니다. 일라이자는 하위계층에서 출발하여 상류계급 억양과 태도를 학습한 후 상류층으로 승격하는 과정을 거치며 큰 변화를 겪습니다. 이러한 변화 과정은 피그말리온 효과로 알려져 있으며, 교사나 부모의 기대와 믿음이 학생이나 자녀의 성과에 어떠한 영향을 미치는지를 설명하는 중요한 심리 개념입니다.

'피그말리온'은 그리스 신화 속의 조각가 피그말리온의 일화에서 유래되었습니다. 피그말리온이 자신이 조각한 여성상을 진심으로 사랑하게 되었고, 이를 지켜본 미의 여신 아프로티테가 조각가 피그말리온의 소원을 들어주어 조각상을 인간으로 만들었다는 이야기죠.

현대에서는, 교사나 부모의 기대와 믿음이 학생이나 아이들의 성과와 행동에 영향을 미치는 현상을 설명하는 용어로 많이 사용됩니다. 즉, 높은 기대와 믿음을 갖고 아이에게 접근하는 교사나 부모는 아이들의 자기평가와 성취를 높일 수 있습니다. 교육 환경에서 선생님과 학생, 부모와 자녀 간의 상호작용은 실제로 학습과 성과에 많은 영향을 미치는데, 아이들과 함께 있으면 굉장히 일리가 있는 개념이라는 것을 곧 알게 됩니다.

우리 아이들이 품격 있는 사람으로 성장하도록 돕는 방법은 무엇일까요? 첫 번째로, 아이들에게 '아비투스'의 중요성을 이해시키고 이를 실천하는 모습을 보여주어야 합니다. 우리가 일상에서 예의 바른 행동과 적절한 태도를 보여준다면, 아이들은 그것을 본받아 자신만의 '아비투스'를 형성하게 될 것입니다.

두 번째로, 부모와 자녀 간의 열린 대화가 중요합니다. 대화를 통해 아이들의 생각과 감정을 듣고 이해함으로써 그들의 자아 개발과 '아비투스' 형성에 기여할 수 있습니다. 솔직하고 진솔한 대화는 문제 해결에서 중요한 역할을 하며, 부모와 자녀 사이에 신뢰와 애정을 쌓는 데 도움이 됩니다.

마지막으로, 긍정적인 환경 조성은 매우 중요합니다. 긍정적인 환경에서 성장한 아이들은 스스로를 발전시키고 성공하는 데 필요한 자신감과 의지력을 배양하게 됩니다. 실패와 어려움 속에서도 포기하지 않고 도전하는 정신은 결국 그들의 성공으로 이어집니다.

이처럼 '아비투스'를 가르치고, 아이들에게 좋은 예를 보여주며, 열린 대화를 통해 그들의 생각과 감정을 이해하고 지지하는 것은 자녀가 성공으로 가는 길에서 중요한 요소입니다.

07

힘든 자녀교육,
웃으며 이겨내는 법

> 66 사회적 신경증이 많아지는 이 시대, 누구나 우울하고
> 힘들어요. 자녀교육 때문에 너무 힘들어하지 마세요.
> 사람을 키우고 교육하는 건 결코 쉬운 일이 아니니까요.
> 누구나 부러워하는 부모가 되려고 하지 마세요.
> 부모가 자녀 앞에서 자꾸 자책하게 되면
> 자녀는 굳이 알려주지 않아도 자신이 부모에게
> 불편한 존재라는 걸 알게 돼요. 99

드라마 《응답하라 1988》에서 성보라 역할을 맡았던 배우 이미
연의 대사가 기억에 남습니다.

누군가를 사랑한다는 것은 누구에게 줄 수 있는 넉넉함이 아니라, 누
구에게 줄 수밖에 없는 절실함인 거야. 그 사람이 널 끝없이 괴롭게
만든다고 해도, 그래서 그 사람을 끝없이 미워하고 싶어진대도 결국
그 사람을 절대 미워할 수 없다는 뜻이기도 해. 사랑한다는 건 미워
하지 않는다는 의미가 아니라 결코 미워할 수 없다는 뜻인 거야.

내 아이를 믿는다는 것

이 대사는 사랑의 본질을 깊이 담아낸 것으로, 부모와 자녀 간의 관계를 잘 나타내고 있습니다. 아이를 키울 때, 그들의 행동이나 선택 때문에 마음이 아프고 스트레스를 받기도 합니다. 그러나 이 모든 과정을 거치면서 우리는 진정한 사랑의 본질을 체험합니다. 그것은 바로 '절실함'입니다. 아무리 힘들어도, 어렵더라도 아이들을 위해 최선을 다하려고 노력하는 것, 그것이 바로 사랑입니다.

저는 어릴 때 당연히 엄마 아빠에겐 뭔가 충분히 있어서 우리에게 주는 것인 줄 알았어요. 그러나 결혼하고 아이를 키워보면서 다 겪으셨죠? 매번 뼈를 내주는 심정으로 아이를 대한다는 것을요. 아이를 낳아서 키워 보니 역으로 엄마가 어떤 마음으로 나를 대하고 키웠는지 알게 될 때가 많습니다.

사람을 키우는 것은 결코 쉽지 않은 일입니다. 그러나 그 과정 속에서 우리는 가장 진실된 사랑의 감정을 느끼게 됩니다. 그 힘든 과정에서도 우리는 아이를 위해 최선을 다하려고 노력합니다. 우리는 그 무엇보다 아이를 사랑하기 때문입니다.

큰아들이 배 속에서 7개월 정도일 때 '수신증 grade 4' 진단을 받았습니다. 단계가 높을수록 상황이 심각하다는 의미였습니다. 더욱이 오른쪽 콩팥이 왼쪽보다 4배가 크다고도 했습니다. 이런 상황으로 아들은 한 달 일찍 수술로 태어났습니다.

제왕절개로 마취한 상태에서 아이를 맞는 것을 원하지 않았기 때문에, 저는 부분 마취만 요청했습니다. 의식 있는 상태에서 첫 만남을 갖기 위한 결정이었습니다. 자연분만으로 태어난 아기들의 이점을 챙겨주지 못하는 미안함도 컸습니다. 수술 후 3~4일 만에 수신증에 좋다는 의사를 찾아 세브란스 어린이 병원까지 아들과 함께 찾아갔던 기억이 납니다. 그때의 저를 생각해보면, 정말 미친 듯한 힘을 발휘했습니다. 그것은 바로 부모의 마음입니다. 사랑한다는 것은 결국 미워할 수 없다는 것임을 몸소 깨닫게 되었습니다.

딱히 크게 성과를 내지 못하는 평범한 아이일지라도 그 안에 숨어 있는 무한한 가능성을 보며 부모는 항상 기대하며 삽니다. 이럴 때마다 부모로서 가장 중요한 것은 '인내심'입니다. 모든 일이 순탄하지 않아도 꾸준히 응원하고 격려하여 자신감과 상상력, 창조성 등 여러 긍정적인 요소를 심어주어야 합니다.

그래서 우리 모두가 자녀교육으로 힘들어하지 않았으면 좋겠습니다. 부모로서의 사랑은 세상에서 가장 귀한 것 중 하나입니다. 당신의 사랑이 깊고, 진실하다는 것을 잊지 마세요. 따뜻한 마음으로, 아이와 함께 성장하는 기쁨을 느끼길 바랍니다.

내 아이를 믿는다는 것

08

내 안의 조르바를 찾아서

> ❝ 남편 또는 아내 그리고 자녀는
> 소유의 대상이 아니에요. 화풀이 대상도 아니고요.
> 중요한 것은 바로 '내 마음'이에요.
> '나를 소중하게 생각한다'면 가족들도 똑같이 대하세요.
> 상처받은 누군가는 지금 나의 이야기를
> 기다리고 있을지도 모릅니다. ❞

아이들이 좋아하는 게임 중에 '롤'LOL, League of Legend이 있습니다. 이 게임은 5명의 팀원이 각자의 구역에서 역할을 수행하며 진행되는데, 한 명이라도 제대로 역할을 해내지 못하면 게임에서 패하게 됩니다. 그래서 아이들 사이에서는 "아무리 둘러봐도 다른 사람이 잘하고 있는데 계속 지고 있다면 나 때문이라는 것을 알아야 해"라는 말이 유행입니다. 아이들에게 이 농담을 들었을 때, 얼마나 웃겼는지 몰라요. 이 말을 듣고 생각해보니, 우리 집에서 문제가 생기면 가장 먼저 의심되는 것은 아이들이나 남편입니다.

하지만 더 깊이 생각해보면, 그런 시각을 가진 제가 문제인 거지요. 아이들도 남편도 큰 잘못이 없는데, 어떤 안 좋은 결과가 나온다면, 범인은 바로 '저'인 거예요.

20대 시절, 정말 춤을 추듯 사는 조르바를 갈망했던 시절이 떠올랐어요. 매우 감명 깊게 읽었던 책 『그리스인 조르바』에서는 주인공 조르바가 자유롭게 살아가며 자신만의 정체성을 찾는 과정을 그려냅니다. 그는 자신의 내면을 탐구하면서 개인적인 정체성을 찾아가는 과정을 보여주며, 자신을 이해하고 인생의 목표를 스스로 찾아야 한다는 메시지를 전합니다. 또 인생의 미스터리와 놀라움을 탐구하며, 세상의 아름다움과 신비를 감상하려는 욕구를 담고 있습니다. 조르바의 눈으로 세상을 바라보며 우리는 인생의 아름다움을 발견하고 즐기는 삶을 꿈꿉니다.

작가 니코스 카잔차키스의 이 불후의 명작은 인생의 가치와 자아를 찾아가는 여정에 관한 아름다운 이야기를 담고 있습니다. 조르바는 자유로운 인생을 살아가며 무언가에 구속되지 않고 개인의 가치와 본질을 추구해야 한다고 말했습니다. 종종 우리는 사람들의 평가나 비판에 너무 민감하게 반응하고, 그로 인해 스스로를 비난하거나 자신을 변화시키려고 노력합니다. 그러나 조르바는 주변의 사람들이 자신에게 어떻게 반응하든 그것은 자신의 선택과 결과에 불과하다고 말합니다.

이렇게 보면, 가장 중요한 존재가 바로 '나'라는 것을 깨닫게 됩니다. 우리는 자신의 주인이며, 선택과 행동은 우리 책임입니다. 남편이나 아이들 또는 주변 사람들에게 기대하는 것이 아니라, 자신이 어떻게 느끼고 생각하는지를 중요하게 생각해야 합니다. 다른 사람 의견은 중요하지만, 그것이 우리의 가치나 목표를 방해해서는 안 됩니다.

자신을 가장 중요한 존재로 여긴다는 것은, 남을 비난하거나 탓하는 것이 아니라, 자신이 어떤 선택을 하고 그 결과를 어떻게 받아들일지를 결정한다는 것입니다. 이런 인식은 자신에 대한 존중과 사랑 그리고 자신을 그대로 이해하고 인정한다는 의미입니다. 자신을 이해하고 인정하는 것, 그리고 주위 사람들에 대한 반응을 자신의 선택과 결과로 받아들이는 것은 자유와 자기 존중감을 키우는 첫걸음입니다.

따라서 남편과 자녀가 마음을 치유하는 대상이 아니라, 당신이 스스로 마음을 치유해 나가야 하는 대상이라는 진실을 잊지 말아야 합니다. 이 모든 것을 통해, 우리는 더 나은 인간으로 성장하고, 더 행복한 가정을 만들어 나갈 수 있습니다. 가장 중요한 것은 바로 '당신'입니다.

우리 아이는 원래부터 그런 게 아니다

> 66 '우리 아이는 원래 저래.' 원래부터 그런 건 없어요.
> 의식적으로 생각하고 행동하면 조금씩 바뀌는 게
> 정상이에요. 사실 우리는 무의식에서 나오는 말과 행동을
> 잘 모르고 살아가요. 근데, 그거 아세요?
> 사실, 엄마의 무의식이 아이를 키운다는 것을요!
> 그래서 무의식에 숨겨진 빙산을 수면 위로 끌어 올리는
> 연습이 필요합니다. 99

"우리 아이는 원래 저래"라는 말을 흔히 듣습니다. 하지만 이것은 아이의 성장과 발전을 제한하는 편견에 불과합니다. 사실, 아이의 행동은 선천적인 것뿐만 아니라 환경과 교육에 의해 크게 영향을 받습니다. 이 사실을 이해하고 받아들이는 것은 아이의 성장을 돕는 첫걸음입니다.

그럼에도, 많은 부모가 '원래 저래'라는 생각을 하며 편안함을 느끼곤 합니다. 이유는 간단합니다. 이 생각을 버린다면 이제

내 아이를 믿는다는 것

아이의 행동을 바꾸기 위한 노력을 해야 하기 때문입니다. 이것은 힘들고 지치는 일이지만, 아이의 성장을 위한 필수적인 과정입니다.

어렵다고 생각하는 건 당연해요. 다른 친구들과 서로 견주어보고 다른 엄마들 의견을 들어볼 시간이 너무 없어서, 그런 문제들 때문에 이런 책도 찾아보는 것 아닐까요?

우리의 행동은 변할 수 있습니다. 이는 교육심리학자 B. F. 스키너의 연구를 통해 입증되었습니다. 교육과 환경의 역할을 강조한 스키너는 자극-반응과 보상-처벌의 관계를 중심으로 행동을 연구한 학자입니다. 행동수정 전략으로 그는 많은 개념과 지침을 제시했어요. 긍정적 강화Positive Reinforcement, 부분적 강화Partial Reinforcement, 행동 계획Behavioral Plans, 모델링Modeling, 일관성과 피드백Consistency and Feedback이라는 개념들을 제시했지요. 스키너의 행동수정 이론은 행동 변경을 효과적으로 이끌어내는 방법을 제시하며, 우리가 아이들의 행동을 어떻게 유도하고 변화시켜야 하는지에 대한 중요한 원칙을 제공했습니다.

그러나 이런 접근법을 적용할 때는 아이의 개별적인 필요를 고려하고, 보상과 처벌의 균형을 맞추는 것이 중요합니다. 아이들은 개별적인 성격과 필요를 가지고 있으므로, 동일한 접근법을 모든 아이에게 적용하는 것은 효과적이지 않습니다. 이에 대한 많은 행동수정 요법들이 계속 발전해왔습니다.

단적으로 딱 한 마디로 요약하자면 "행동은 조금씩 바뀔 수 있다"라고 말할 수 있겠네요. 스키너의 이론을 바탕으로, 우리는 아이들의 행동을 조금씩 바꾸는 데 도움이 되는 교육 전략을 구성할 수 있습니다. 어제와 오늘, 또는 지난주와 이번 주를 비교하면서 자신을 평가하는 것은 우리 모두에게 익숙한 습관 중 하나입니다. 특히 아이들은 학교에서 성적을 비교하고 친구들과 경쟁하며 자신을 측정하는 일상을 겪게 됩니다. 우리도 "행동은 조금씩 바뀔 수 있다"라는 사실을 받아들이고, 지금의 나를 기준으로 조금씩 나아가자고 결심할 수 있습니다.

아이들에게는 "넘어지더라도 앞으로 넘어지라"는 희망 섞인 말을 해줍시다. 이는 그들이 어려움을 극복하고 끝까지 노력하는 사람이 되게 도와줄 것입니다. 이런 자세를 가지게 되면, 아이들은 어떤 어려움에도 굴하지 않고 앞으로 나아갑니다.

이 원칙은 아이들뿐만 아니라 자신에게도 적용되어야 합니다. 우리가 힘들고 어려운 상황에서도 넘어지지 않고 앞으로 나아가는 모습을 보이면, 아이들은 우리를 따라갑니다. 우리도 '행동은 조금씩 바뀔 수 있다'라는 생각으로, 지속해서 발전하려는

내 아이를 믿는다는 것

노력을 기울여야 합니다.

　우리는 어제보다 오늘 1센티미터라도 더 나아갈 수 있습니다. 그리고 이 작은 발전들이 모여 우리를 더 나은 사람으로 성장시킵니다. 이를 통해 더 나은 미래를 향해 한 발자국씩 나아갈 수 있습니다. 아이들과 함께 그리고 자신을 위해 나아가는 길에서 항상 이 사실을 기억합시다.

아이도 행복하고,
부모도 행복한 길

✳

❝ 자녀교육에서 부모만 행복하다면 그건 오래 못 가요.
자녀와 함께 행복과 즐거움을 느껴야
더 오래가고 가치 있어요.
부모로서 행복하다는 느낌을 온전히 전달하는 방법은
"네가 이렇게 기뻐하니 아빠가 더 기쁘고 더 행복하네"
이 말 한 마디면 됩니다. ❞

긍정심리학의 주창자 마틴 셀리그만은 행복이 개인적인 만족감을 넘어 사회와 대인관계의 조화에서 오는 것이라고 주장했습니다. 이는 가정 내에서도 그대로 적용됩니다. 우리는 자연스럽게 자녀의 행복을 최우선으로 생각합니다. 그러나 자녀교육에서 자녀의 행복만을 고려하는 것은 장기적으로 부모의 행복을 무시하는 것과 같을 수 있습니다. 반대로 부모만 행복하려고 하는 것도 균형을 찾는 데 어려움을 낳습니다. 자녀교육에 있어서는 부모와 자녀 둘 다의 행복을 고려하는 것이 중요합니다.

내 아이를 믿는다는 것

부모의 행복은 자녀의 행복과 긴밀하게 연결되어 있습니다. 부모가 행복하고 만족스러운 삶을 살면, 자연스럽게 자녀에게 긍정적인 모델이 됩니다. 하지만 부모의 행복만을 추구하는 것도 문제입니다. 자녀를 가족으로 받아들였다면, 그들의 행복과 성장을 책임져야 하기 때문입니다. 부모만의 행복을 추구하면 자녀의 요구와 필요를 무시하는 결과를 가져옵니다.

따라서 자녀교육에서 중요한 것은 부모와 자녀 모두의 행복을 동시에 추구하고, 그 균형을 유지하는 것입니다. 이는 우리가 함께 느끼는 즐거움을 통해 가능합니다. 자녀를 키우면서 우리는 자연스럽게 희생과 헌신의 길을 걷게 되지만, 그렇다고 해서 부모만 행복하다면 가정은 영원히 지속될 수 없습니다. 부모와 자녀 모두가 행복하고 즐거움을 느끼는 것이 중요하니까요.

시간과 공간은 우리의 상황과 관점에 따라 다르게 인식됩니다. 아이들의 시간과 공간에 대한 자각은 부모와는 다릅니다. 우리가 지루하다고 느끼는 순간들을 특별하게 느낄 수도 있습니다. 이것이 자녀교육에서 알아두어야 할 상대성의 원리입니다. 우리는 자녀와 함께하는 모든 순간을 사랑과 관심을 가지며 즐길 수 있습니다. 아이들의 미소와 성장을 함께 목격하며, 그들과 함께한 시간이 특별하고 소중하다는 것을 깨닫게 됩니다. 자녀교육은 지루할 수 있지만, 사랑을 더하고 관점을 바꾸면 행복한 여정이 됩니다.

　빅터 프랭클의 이야기는 우리에게 사랑의 힘을 보여줍니다. 빅터 프랭클은 죽음의 수용소에서 겪은 매서운 겨울에도, 고통의 무게를 견디며 사랑하는 아내의 얼굴을 상상하고 기억하면서 힘을 얻었습니다. 손과 발은 얼어붙고 동상이 걸릴 만큼 추위에 시달렸지만, 사랑하는 아내와 함께했던 순간들은 마음속에서 언제나 따뜻하게 빛나고 있었습니다. 이 이야기는 우리에게 사랑의 놀라운 힘을 상기시킵니다. 추위와 어려움이 우리를 휩쓸어도, 사랑은 언제나 우리 마음을 따뜻하게 감싸줍니다.

　어려움에 처했을 때, 사랑과 기억은 우리를 지켜주는 보물입니다. 그의 이야기를 부모와 자녀 관계에 대입해본다면, 사랑과 기억은 부모와 자녀 사이에도 작용하며, 그들의 행복을 더욱 풍요롭게 만들어줍니다. 부모와 자녀의 행복은 상호 연관되어 있고, 함께 느끼는 즐거움은 이 여정을 더 가치 있게 만들 것입니다. 어려움에 직면해도, 사랑을 기억하며 그 힘을 빌리면 더욱 행복한 가정을 만들어나갈 수 있습니다.

　　　　　　　　　　　　　　　내 아이를 믿는다는 것

부모의 권위를 사용해야 할 때

66 권위적인 부모가 되지 않으려고 권위 있는
부모의 역할까지 버려서는 안 됩니다. 자녀와의 대화에서
설득만 해야 한다면 부모는 쉽게 지쳐요.
부모 자신이 먼저 건강해야 합니다. 이성적인 측면만
강조하는 것이 아니라 대화에서 상호보충적인 대화를
해야 합니다. 때로는 친구처럼, 때로는 어른처럼, 또
때로는 기댈 수 있는 부모처럼 말입니다. 99

우리는 부모로서 다양한 교육 스타일에 대한 조언을 받으며 살아갑니다. 그중에서도 '권위적인 부모'와 '권위 있는 부모'라는 개념이 자주 언급됩니다. 이 두 스타일은 아이를 키우는 방식에서 큰 차이를 보입니다.

권위적인 부모는 자신의 의견을 강력하게 주장하며, "그렇게 해야 해, 내가 그렇게 말했으니까"라는 식으로 명령합니다. 반대로, 권위 있는 부모는 아이의 의견을 존중하고, 그들의 경험

과 지식을 바탕으로 아이를 안내합니다. 아이의 선택에 공간을 내어주면서도 방향성은 제시하는 것입니다. 권위 있는 부모는 자녀와의 관계에서 권력을 행사하기보다는 신뢰와 존중을 기반으로 한 상호작용을 추구합니다.

하지만 모든 상황을 설득만으로 해결할 수는 없습니다. 예를 들어, 아침에 학교 가기 위해 버스 대신 자전거를 타고 싶어 하는 아들이 있다고 해볼게요. 자전거 이동 시 도로 상황을 생각해볼 때 위험 요소가 많다고 엄마는 생각합니다. 저는 위험 요소와 안전한 대안을 설명하면서 권위 있는 부모의 역할을 수행합니다. 하지만 버스를 한 번 놓치고 난 후엔 차들이 더 속도를 내는 시간대였기 때문에 더욱 강력하게 말리며 버스에 태웁니다. "지금은 자전거를 타고 가면 안 된다!" 이렇게 양보할 수 없는 지점이 생깁니다.

여기서 중요한 점은 육아란 항상 균형잡기의 미학이라는 것입니다. 설득과 대화가 필요할 때도 있지만, 때론 강압적으로 나서야 하는 상황도 발생합니다. 그런 설득의 과정은 부모를 자주 지치게 하고, 아이의 반발이나 거부감을 경험할 때마다 자신감이 흔들릴 때도 있습니다.

그러나 이럴 때일수록 우리가 안내자이자 보호자라는 사실을 기억해야 합니다. 우리는 무조건적인 설득보다 안내하는 자세로 아이와 함께 성장해야 합니다. 이를 통해 아이와 함께 성장하는 기쁨을 느낄 수 있습니다. 우리의 선택은 아이의 안전과 그의 미래를 위한 것이라는 사실을 잊지 말아야 합니다.

때로는 설득보다는 선택을 강요해야 하는 상황도 있습니다. 그럴 때마다 우리는 '권위 있는 부모'로서 아이의 최선을 위한 결정을 내려야 합니다. 이러한 균형 있는 육아를 위해 지속적인 노력이 필요하며, 이것이 부모로서 제대로 된 역할입니다.

따라서, 권위 있는 부모가 되려면 설득만으로 해결하려 하지 않고, 상황에 따라 강압적으로 나서거나 안내하는 자세를 취할 줄도 알아야 합니다. 이러한 육아 방식은 아이에게 필요한 경험과 지식을 제공하면서도, 동시에 자유와 존중감을 심어줄 수 있습니다.

이 책을 자녀교육의 선입견을 깨는
도끼로 사용하세요

" 59가지는 자녀교육에서 절대 기준은 아니에요.
하지만 자녀교육에 대한 선입견을 깨는 데 동기부여는
될 것입니다. 이 책은 아동기부터 청소년기까지 겪는
다양한 변화들 속에서 정서적 안정을 찾고
건강한 어른으로 성장할 수 있게 할 거예요. **"**

저는 대단한 교육전문가도 아니고, 단지 학부모로서 아들 둘을
키우는 사람입니다. 그럼에도, 우리의 이야기가 공감을 일으키
고 함께한 시대를 살아가는 부모로서, 생각할 재료를 드렸다면
그걸로 족합니다.

자녀교육에 대해 누구나 100% 확실한 답을 주겠다고 말하
는 사람은 믿어서는 안 됩니다. 자녀교육에는 절대적인 기준이
없기 때문입니다. 자식 교육은 자기가 하는 것이란 걸 잊으면 안
돼요. 그러니 전문가, 의사, 방송인 등등 나와서 말씀하시는 분

들의 의견은 참고만 하되, 맹종하면 안 됩니다. 그것이 모든 가정에 해결책이 되지는 않으니까요. 우리 아이들은 마루타가 아니란 걸 꼭 명심했으면 좋겠어요.

우리 모두는 서로 문화와 유전자, 환경과 조건이 다른 가정에서 태어나 자라며, 가치관과 경험도 모두 다릅니다. 그래서 우리에게 가장 잘 맞는 자녀교육 방법은 부모 자신이 찾아야 합니다. 그 과정에서 당연히 시행착오를 겪게 되는데, 그것이 바로 자녀교육의 본질적인 과정입니다.

우리는 그런 과정을 통해 자녀와 함께 성장합니다. 그 과정에서 가장 중요한 것은 부모로서 아이들에게 어떤 모습을 보여주느냐입니다. 아이들은 우리의 모든 행동을 보고 배우기 때문에, 우리가 어떤 가치를 중요하게 생각하고, 어떻게 행동하는지가 아이들에게 큰 영향을 미칩니다.

그러니까 우리는 아이들에게 '올바른' 길이 무엇인지를 가르치려고 노력하는 것보다, 아이들이 스스로 올바른 길을 찾아나갈 수 있도록 도와주는 역할을 맡아야 합니다. 그러기 위해서는 부모 스스로도 계속해서 성장하고, 변화하며, 새로운 것을 배울 준비가 되어야 하겠지요. 이렇게 생각하면, 자녀교육은 결국 부모 자신의 교육이기도 합니다. 아이들에게 좋은 부모가 되기 위해 노력하는 과정에서 우리도 성장하기 때문입니다.

특별히 요즘처럼 빨리 변화하고 적응이 필요한 시기, 너무 많은 것이 가족을 대체할 수 있을 것 같은 시기에는 정말 가정이 제일 중요하다는 생각이 들어요. 우리는 너무 많은 미디어에 노출되어 있고, 너무 힘이 센 자본주의 문명에 사로잡혀 있어요. 어떤 것이 옳은 길인지, 어떤 것이 좋은 것인지를 아이들에게 가르쳐주는 것이 매우 어려운 시기입니다. 시행착오가 있는 자녀교육 과정이지만, 진실되게 애쓰고 아이와 소통하려는 노력이 있다면 아이들이 올바로 클 거란 믿음이 있습니다.

가정이 바로 서는 길은 서로 도와가며 엄마도, 아빠도, 아이들도 같이 성장하면서 가족 모두가 서로 협력하는 것이죠. 그렇게 서로 성장한다는 생각이 들 때, 가정주부인 엄마도 혹은 열심히 맞벌이하는 부부도, 또 아이들도 행복할 수 있으니까요. 서로의 성장을 축하하며, 서로 믿어주고 신뢰해주는 경험을 시작하다 보면 분명 우리 사회는 건강해질 거예요.

제 의견은 절대적인 기준이 아닙니다. 단지, 이번 기회를 통해 자신의 생각을 되돌아보고, 새로운 아이디어를 얻어보시는 것도 좋겠습니다. 그리고 그런 생각을 통해 자신만의 자녀교육 방법을 찾아나가는 데 조금이라도 도움이 된다면, 그것으로 충분합니다.

그러니까 이 이야기를 참고만 하시고, 자신의 길을 찾아가시길 바랍니다. 그리고 그 과정에서 계속해서 성장하며, 변화하며, 새로운 것을 배우시길 바랍니다. 그것이 바로 가장 올바른 자녀교육 방법이라고 생각합니다.

참고문헌

| 책

갤럽 프레스. (2021). **위대한 나의 발견 강점혁명**. 청림출판.

니코스 카잔차키스. (2018). **그리스인 조르바**. 문학과지성사.

도리스 메르틴. (2020). **아비투스**. 다산초당.

마르틴 부버. (2020). **나와 너**. 대한기독교서회.

빅터 프랭클. (2020). **죽음의 수용소에서**. 청아출판사.

윌리엄 제임스. (2008). **실용주의**. 아카넷.

윌리엄 제임스. (2018). **한 권으로 읽는 심리학의 원리**. 부글북스.

윌 듀란트. (2007). **철학이야기**. 동서문화사.

앤절라 더크워스. (2019). **그릿**. 비즈니스북스.

장 자크 루소. (2015). **에밀**. 돋을새김.

존 듀이. (2018). **존 듀이 경험과 교육**. 배영사.

캐럴 드웩. (2017). **마인드셋**. 스몰빅라이프.

최성애, 조벽. (2018). **정서적 흙수저와 정서적 금수저**. 해냄출판사.

| 학술논문

김도란, 김정원. (2008). 유아의 행복감과 부모의 행복감 간의 관계 연구. **열린유아 교육연구, 13(6)**, 311-333.

김대현. (2009). 로저스의 상담 이론에 드러난 현상학적 방법과 존재의 방식. **교육 사상연구, 23(3)**, 85-109.

김수영, 도미향. (2017). 긍정심리학의 코칭 적용에 관한 탐색적 연구. **코칭연구, 10(4)**, 53-71.

내 아이를 믿는다는 것

김옥선, 오윤자, 최명구. (2005). 초등학생이 지각한 가족 건강성과 자아탄력성이 학교생활 만족도에 미치는 영향. **교육심리연구, 19**(3), 761-777.

남중웅, 조민행, 권욱동, 구강본, 서재하. (2010). 체육 및 스포츠 부문의 전문인력 양성과 국가자격제도 고찰. **한국사회체육학회지, 40**(1), 97-106.

노미화, 허미정, 최연실. (2015). 부모 양육태도가 청소년의 학교적응에 미치는 영향: 자아탄력성과 배려심의 매개효과. **가정과삶의질연구, 33**(2), 119-134.

문장수, 심재호. (2015). 강박증에 대한 프로이트적 정의와 원인에 대한 비판적 분석. **철학논총, 82**, 199-216.

박동천. (2000). 사회적 규칙과 사회 연대. **정치사상연구, 3**, 67-94.

박대원. (2019). 좋은 삶과 진정성-임상철학적 주제 탐구. **철학연구**, 157-183.

박종석. (2005). 창조성 개념의 고찰과 그 교육적 함의. **초등교육연구, 18**(2), 43-73.

박철홍. (2008). 총체적 지식의 함양으로서 공부. **교육철학, 34**(4), 115-141.

박화윤, 마지순. (2013). 어머니의 영아에 대한 애착 및 양육효능감이 영아-어머니의 상호작용에 미치는 영향. **한국산학기술학회 논문지, 14**(6), 2727-2734.

손승아, 안경숙, 김승경. (2006). 청소년의 자기조절능력과 심리환경적 요인에 관한 연구. **한국청소년연구, 17**(1), 127-148.

송인섭. (2008). 학습자 중심의 21세기 패러다임: 방법과 전망. **교육심리연구, 22**(4), 881-896.

신우열, 김민규, 김주환. (2009). 회복탄력성 검사 지수의 개발 및 타당도 검증. **한국청소년연구, 20**(4), 105-131.

신중섭. (2021). 공정과 능력주의에 대한 비판적 분석. 철학연구, 139-164.

이경님. (1997). 인지적-행동적 자기통제훈련이 아동의 자기통제능력과 과제수행 능력의 개선에 미치는 효과. **한국심리학회지: 발달, 10**(1), 125-145.

이세형. (2020). 프로이트의 자아 이해. **정신분석심리상담. (구 정신역동치료), 3**, 1-29.

이상돈. (2019). 나르시시즘의 법. **법철학연구, 22**(3), 157-190.

이영희. (1994). 칼 로저스의 인간중심 상담이론의 철학적 함의. **한국심리학회지: 상담 및 심리치료, 6**(1), 1-20.

이정아, 탁진국. (2018). 성장마인드셋 코칭 프로그램이 성장마인드셋, 학습목표 지향성, 직무스트레스에 미치는 효과. **한국심리학회지: 코칭, 2**(1), 1-27.

이정은. (2018). 어머니의 자아와 자녀정체성 간의 동역학: '여성의 신비'가 낳은 과잉보호에 대한 현대적 이해. **한국여성철학, 29**.

이재성. (2004). 헤겔 정신현상학에 있어서 상호주관성의 문제. **철학논총, 35**, 305-323.

이진희, 허정민, 장은정. (2019). 놀이~배움 과정에서 드러나는 어린이의 배움에의 성향. **한국열린유아교육학회 학술대회 논문집**, 543-567.

이태연. (2001). 행동치료에서 학습이론의 역할과 전망. **한국심리학회지: 일반**, 20(1), 151-176.

임미원. (2010). 칸트의 영구평화론. **법철학연구, 14**(1), 49-74.

임부연, 송진영. (2012). 유아교수매체의 철학적 접근과 심미적 활용에 관한 논의. **유아교육학논집, 16**(5), 361-380.

전현진. (2016). 학습과 기억의 뇌파. **Korean Journal of Biological Psychiatry, 23**(3).

정순례. (2004). 인간학과 교육학: 기질과 인간관계. **인간연구**, (7), 109-127.

정은주, 정경은. (2019). 청소년 회복탄력성 관련 변인에 관한 메타분석. **학교사회복지**, 48, 243-273.

정재걸. (1993). 마음을 다스리는 교육, 양촌 권근의 [입학도설]. **중등우리교육**, 126-129.

조나영. (2018). 교육적 '권위'의 새 지평: 아렌트. (H. Arendt)'권위'개념의 교육학적 유의미성. **교육사상연구, 32**(3), 163-186.

탁희종, 이지호, 이장명, 정석훈, 이재원, 심창선,윤재국, 성주영, 방수영. (2011). 일 도시의 초등학교 학생의 수면습관과 행동, 정서, 주의력, 학습과의 관계. **소아청소년정신의학, 22**(3), 182-191.

한선아. (2019). M. Buber 철학으로 바라본 이야기나누기 수업의 의미: '대화'와 '만남'을 중심으로. **어린이문학교육연구, 20**(2), 189-210.

홍은영, 탁진영. (2020). 인공지능시대의 번역: 스티브 잡스의 연설문을 중심으로. **인문사회 21, 11**(2), 1531-1544.

황설중. (2017). 고대 피론주의와 아타락시아. **철학논총, 89**, 325-348.

학위논문

박선영. (2004). **멜라니 클라인의 아동정신분석.** 이화여자대학교 대학원, 박사학위
논문.
박해미. (1984). **자녀양육행동과 관련된 부모의 스트레스 분석.** 이화여자대학교 대
학원, 석사학위논문.
이종인. (2019). **빅토르 프랑클의 로고테라피에 대한 철학적 분석.** 울산대학교 대
학원, 박사학위논문.
이지현. (2022). **애착대상의 감성표현 연구.** 이화여자대학교 대학원, 석사학위논
문.

해외학술지

Skinner, B. F. (1988). The operant side of behavior therapy. *Journal of
behavior therapy and experimental psychiatry*, 19(3), 171-179.

포털사이트

Squeeze Growth. (2023.06.30.). **당신에 대한 역경을 극복하고 성공을 달성하는
방법?.** https://squeezegrowth.com/ko/achieve-success-defy-odds/.
오마이뉴스. (2019.01.10.). **이현세의 '외인구단' 출발시킨 1980년 봄, 그
리고 전두환.** https://star.ohmynews.com/NWS_Web/OhmyStar/
at_pg.aspx?CNTN_CD=A0002502540&CMPT_CD=P0010&utm_
source=naver&utm_medium=newsearch&utm_campaign=naver_news.

내 아이를 믿는다는 것

초판 1쇄 발행 | 2023년 12월 8일

지은이 | 지경선 · 김성곤

펴낸이 | 김윤정
펴낸곳 | 글의온도
출판등록 | 2021년 1월 26일(제2021-000050호)
주소 | 서울시 종로구 삼봉로 81, 442호
전화 | 02-739-8950
팩스 | 02-739-8951
메일 | ondopubl@naver.com
인스타그램 | @ondopubl